Das MINIMAX PRINZIP für die KÜCHE

Das MINIMAX PRINZIP für die KÜCHE

Wenig Aufwand | Große Wirkung

Susann Kreihe
Fotos Maria Brinkop

CHRISTIAN

EINFÜHRUNG

VOR-SPEISEN

SUPPEN

INHALT

HAUPTGERICHTE

DESSERTS

INHALT

EINFÜHRUNG

WAS IST DAS MINIMAX-PRINZIP?

Kochen Sie nach dem Minimax-Prinzip! Alles was Sie dazu brauchen, finden Sie in diesem Kochbuch. Mit maximal 5 frischen Zutaten pro Rezept und einem gut sortierten Vorrat gelingen Ihnen die raffiniertesten Gerichte ohne großen Aufwand.

Die Suche nach köstlichen Rezepten in zahlreichen Kochbüchern, Zeitschriften und auf Webseiten sowie das Einkaufen und langwierige Zubereiten aufwendiger Rezepte entfällt. Mit unseren Gerichten können Sie mit wenigen Zutaten und geringem Zeitaufwand Ihre Familie, Freunde und Gäste überraschen und verwöhnen.

Viele der Rezepte sind auch so alltagstauglich, dass sich leicht Inspirationen für das Familienessen finden lassen. Blättern Sie doch mal durch die Rezepte und legen Sie los!

Ab heute ist Kochen mit Wow-Effekt auch für Ungeübte angesagt, und dabei steht der Genuss an erster Stelle. Ihre Gäste werden sich wundern, wie Sie plaudernd und mit einem Lächeln auf den Lippen die leckersten Gerichte auftischen. Sie werden mehr und mehr das Kochen und Zubereiten unserer köstlichen Rezepte als Hobby und Erholung erkennen.

Ihr Vorratsschrank ist gut gefüllt, die Töpfe stehen im Schrank parat? Na, dann kann es ja losgehen. Alle Gerichte in diesem Buch lassen sich leicht nachkochen und machen kulinarisch und optisch großen Eindruck.

Machen Sie sich mit dem Minimax-Prinzip vertraut und lesen Sie einfach weiter!

SO GELINGT DAS MINIMAX-PRINZIP

Bevor es losgeht: Lesen Sie sich durch die Rezepte. Sie werden immer wieder eine Auswahl an Zutaten (Pasta, Tiefkühlprodukte, Konserven usw.) finden. Suchen Sie sich Ihre Favoriten aus und füllen Sie den Vorrats- und Kühlschrank. So sind Sie bestens vorbereitet und haben eine Auswahl an Alltagsgerichten bis zum 3-Gänge-Menü – für jede Gelegenheit und jeden Geschmack ist etwas dabei.

Lesen Sie das gesamte Rezept erst einmal durch, bevor Sie den Einkaufszettel schreiben. Einige Zutaten haben Sie bestimmt in Ihrem Vorrat und können diese direkt für das ausgewählte Gericht verwenden. So haben Sie gleich bildlich im Kopf, was bei der Zubereitung auf Sie zukommt.

Zu jedem Rezept finden Sie die Anzahl der Portionen, die Zubereitungszeit und, falls nötig, die Garzeit auf dem Herd oder im Ofen. Wenn es blitzschnell gehen muss, weil sich spontan Besuch angemeldet hat oder Sie nach einem anstrengenden Arbeitstag wenig Zeit und Lust zum Kochen haben, greifen Sie einfach auf ein 10-Minuten-Rezept zurück.

Ansonsten sind alle Rezepte in maximal 30 Minuten zubereitet. Während das Gericht noch auf dem Herd oder im Ofen gart, können Sie schon nebenbei für Ordnung in der Küche sorgen und es sich nach dem Essen gemütlich machen. Die angegebenen Zeiten für die Vorbereitung können leicht variieren, je nachdem, wie geübt Sie sind.

Die Zutaten sind in der Reihenfolge aufgelistet, in der sie verarbeitet werden. Die Grundzutaten aus dem Vorrat und die frischen Zutaten sind farblich gekennzeichnet.

Um das Minimax-Prinzip gelingsicher in der Küche umzusetzen, brauchen Sie einen gut gefüllten Vorratsschrank. Eine gute Qualität Ihrer ausgewählten Zutaten hilft besonders dann, wenn Sie nur wenige Zutaten benötigen. Sparen Sie nicht an der falschen Stelle! Denn die Freude über den guten Geschmack währt länger als der günstige Preis. Die komplette Liste mit vielen Tipps finden Sie im Anschluss.

MINIMAX-VORRAT

MINIMAX-VORRATSSCHRANK

Salz, Pfeffer und Chili aus der Gewürzmühle. Ein einfaches Siedesalz reicht natürlich aus, um Nudeln und Kartoffeln zu würzen. Soll es etwas raffinierter sein, greifen Sie zu französischem Fleur de sel oder dem spanischen Verwandten Flor de sal, um Speisen den letzten kulinarischen Schliff zu geben. Schwarze Pfefferkörner sind frisch gemahlen besonders aromatisch und sehen auch optisch sehr ansprechend aus. Deshalb lohnt sich die Anschaffung einer Gewürzmühle doppelt. Gemahlenen Pfeffer kaufen ist ab heute tabu, denn die Minimax-Rezepte leben durch diese kleinen, aber feinen Raffinessen. Chili aus der Mühle ist besonders praktisch, da er sich einfach und gut dosieren lässt. Alternativ können Sie Chiliflocken, scharfes Paprikapulver, grünen oder roten Tabasco wählen.

Zucker

Wählen Sie beim Einkauf feinkörnigen Zucker. Dieser löst sich schneller auf, was besonders bei der Zubereitung von Desserts und Dressings von Vorteil ist. Sie können aber auch jede andere Sorte nehmen. Sind Sie ein Verfechter von Zuckeralternativen? Dann probieren Sie Birkenzucker, Kokosblütenzucker oder Ahornsirup aus.

Flüssiger Honig

Dieser lässt sich leichter dosieren und löst sich in kalten Speisen schneller auf.

Weißweinessig

Essigsorten gibt es viele. Haben Sie am besten verschiedene Essigsorten im Vorrat. So können Sie je nach Gusto den für das Rezept passenden Essig auswählen. Unser Favorit für die Zubereitung der Minimax-Rezepte ist der Weißweinessig, da dieser mit einer Vielzahl an weiteren Zutaten besonders gut harmoniert. Um die Essigsäure, z.B. in Salatdressings, abzumildern, geben Sie etwas Zucker oder Honig dazu.

Balsamicoessig

Hochwertigen Balsamicoessig können Sie direkt über den Salat träufeln, ohne vorher eine Vinaigrette anzurühren. Die Essige sind durch langes Reifen süßer und milder im Geschmack.

Olivenöl und andere Pflanzenöle

Zum Braten und Kochen eignen sich einfaches Olivenöl sowie Raps- oder Sonnenblumenöl besonders gut. Für den absoluten Genuss empfehle ich ein hochwertiges Olivenöl, extra vergine. Es reicht aus, wenn Sie davon einige Tropfen über das fertige Gericht träufeln, um geschmacklich und optisch ein Highlight zu setzen.

Muskatnuss

Eine Muskatnuss reicht ein ganzes Leben, klingt mir noch von meiner Oma im Ohr; das ist bildlich schön gesprochen. Die Muskatnuss sollte aber immer nur dezent und möglichst frisch gerieben eingesetzt werden.

Getrockneter Oregano

Oregano ist das ultimative Kraut, da es sich geschmacklich an so viele Gerichte einfach anpasst. Sie können selbstverständlich auch Kräuter der Provence oder eine italienische Kräutermischung verwenden. Der Vorteil der getrockneten Kräuter ist, dass man sie immer vorrätig hat und sie ein intensives Aroma verleihen. Frische Kräuter werden in den Rezepten als Minimax-Zutat verwendet.

Paprikapulver edelsüß

Es verleiht einen Hauch Farbe und gibt einen süßlich-würzigen Geschmack.

Weizenmehl Type 405

Das Universalmehl ist für alle Zubereitungsarten geeignet, vor allem wenn man es nicht so oft benutzt und den Vorrat kleinhalten möchte.

KÜHLSCHRANK

Butter

Sie lässt sich auch eingefroren ausgezeichnet als Vorrat aufbewahren.

Sojasauce

Viele verschiedene Sorten Sojasauce sind im Handel zu finden. Kaufen Sie zu Beginn kleine Flaschen, bis Sie ihre Lieblingssorte gefunden haben. Geöffnet gehört sie in den Kühlschrank. Sojasauce ist ein Universalwürzmittel, seien Sie deshalb sparsam mit Salz. Gluten- und weizenfreie Sojasauce heißt Tamari und kann ebenso für unsere Minimax-Rezepte verwendet werden.

Mittelscharfer Senf

Vielleicht haben Sie ihre bevorzugte Sorte schon gefunden? Falls nicht, gibt es in der Bio-Abteilung auch Sorten ohne Zusätze.

Milch

Sie können ganz nach Belieben Sorten mit 1,5 oder 3,5% Fett verwenden.

MINIMAX-AUSSTATTUNG

Großes und kleines Kochmesser

Ein richtig gutes Küchenmesser mit großer Klinge reicht aus. Legen Sie dabei Wert darauf, dass es gut in der Hand liegt und aus hochwertigem, rostfreiem Edelstahl hergestellt ist. Legen Sie das Messer nicht in die Spülmaschine, denn Reinigungsmittel und Flugrost schaden der Klinge. Wischen Sie das Messer nach dem Benutzen mit einem feuchten Lappen ab und trocknen Sie es. Im Messerblock oder an einer Magnetleiste ist es für den nächsten Einsatz gut aufbewahrt. Mit einem zusätzlichen kleinen Schälmesser sind Sie dann bestens für die Zubereitung der Minimax-Rezepte ausgestattet.

Schneidebrett

Ein großes Schneidebrett aus Holz, evtl. mit Saftrinne dient für alle Vorbereitungsarbeiten und sieht auch ansprechend zum Servieren oder Tranchieren bei Tisch aus.

Topf mit Deckel, beschichtete Pfanne und Grillpfanne

Mit einem kleinen und einem großem Edelstahltopf, am besten mit Deckel, sowie einer beschichteten Pfanne (etwa 28 cm Durchmesser) und einer Grillpfanne sind Sie bestens ausgestattet, und können Ihre Kochkünste mit unseren köstlichen Minimax-Rezepten kombinieren.

Schüsseln

Als Schüsselalternative können auch leere Marmeladengläser, tiefe Teller oder Vorratsdosen zum Mischen oder Aufbewahren verwendet werden.

Multizerkleinerer und Pürierstab

Zur Zubereitung unserer Minimax-Rezepte benötigen Sie keine große Küchenmaschine. Investieren Sie in einen leistungsstarken Multizerkleinerer, dieser hilft Ihnen bei allen nötigen Arbeiten. Und ein guter Pürierstab mixt alles klein, von der Suppe bis zum Püree.

Sparschäler, feines Sieb, Kastenreibe, Kochlöffel, Schneebesen

Mit diesen Küchenhelfern können Sie alle nötigen Vor- und Zubereitungsarbeiten problemlos durchführen.

Ofenform

Die ausgewählte Form sollte optisch ansprechend, von der Größe ausreichend für 4 Personen und hitzebeständig bis etwa 230°C sein. Nicht nur ein Ofengericht, sondern auch Gemüsebeilagen oder Salate lassen sich in Ofenformen appetitlich anrichten und direkt servieren.

Wasserkocher

Mit einem Wasserkocher können Sie Zeit und Energie sparen.

Küchenwaage

Eine funktionale Küchenwaage sollte in jedem gut sortierten Haushalt vorhanden sein und ist ein nützlicher Helfer; nicht nur für Süßspeisen und zum Backen.

Vorspeisenringe, Spritzbeutel, Loch- und Sterntülle und Einweghandschuhe

Diese Küchenutensilien sind ausgesprochen nützliche Helfer, zur Not geht es natürlich auch ohne. Zu den Vorspeisenringen finden Sie einen Tipp auf Seite 22 (Rote-Bete Törtchen).

Der Backofen und seine Seele

Sie finden zu jedem Rezept die von mir empfohlene und getestete Backofentemperatur und die Beheizungsart für den Elektro-Backofen. Jeder Backofen ist jedoch anders und Sie kennen Ihren am besten. Vertrauen Sie also bitte bei der Zubereitung im Backofen Ihren Erfahrungen.

Die größten Unterschiede gibt es bei der Dauer des Vorheizens, der Genauigkeit der Backtemperatur und wie gleichmäßig der Backofen heizt. Backen Sie lieber mit Umluft? Dann reduzieren Sie die angegebene Temperatur um etwa 20 °C. Beachten Sie bei der Einstellung des Backofens bitte immer die Gebrauchsanweisung des jeweiligen Herstellers.

DIE ULTIMATIVEN MINIMAX-KÜCHENTIPPS — GERINGER AUFWAND MIT WOW-EFFEKT!

Ein Gericht schmeckt dann besonders gut und »rund«, wenn es alle Geschmacksrichtungen vereint, süß – sauer – salzig – bitter und umami. Ein Hauch von Schärfe verleiht den Gerichten dann oft noch das gewisse Etwas.

Servieren Sie die beste und schnellste Vorspeise der Welt! Einige dicke Scheiben frisches, knuspriges Baguette, darauf ein ausgezeichnetes Olivenöl und etwas grobes Meersalz. Mehr brauchen Sie Ihren Gästen als Willkommensgruß nicht auf den Tisch zu stellen. Sie werden begeistert sein!

»Das Auge isst mit!« Den Satz haben Sie bestimmt schon gehört und es steckt viel Wahres in ihm. Seien Sie beim Anrichten mit einem Auge bei unseren Rezeptfotos; dort finden Sie viele wunderbare Anregungen, wie Sie Ihr Essen gekonnt in Szene setzen können.

Vinaigrette und Salatdressings – alle Zutaten in einem Schraubglas kräftig schütteln und fertig! So lassen sich diese auch gut als Vorrat im Kühlschrank aufbewahren. Und falls es dann besonders schnell gehen soll, müssen Sie das Dressing nicht extra anrühren.

Kräuterbund ist nicht gleich Kräuterbund. Gemeint sind die kleinen Bunde, die es im Supermarkt gibt. Die angegebene Sorte können Sie auch ganz nach Belieben variieren.

Salz immer erst in das kochende Wasser geben.

Vorspeisenringe – Die Anschaffung lohnt sich, denn Sie helfen beim schönen Anrichten.

VORSPEISEN

KNACKIGER KAROTTEN-GRAPEFRUIT-SALAT

FÜR 4 PERSONEN

Zubereitungszeit: etwa 25 Minuten

ZUTATEN

1 Bund junge Karotten
2 EL Weißweinessig
1 TL mittelscharfer Senf
1 TL Zucker
1 Prise Salz
3 EL Olivenöl
50 g Cashewkerne
2 Grapefruits
2 Beete Gartenkresse
schwarzer Pfeffer aus der Mühle

Die Karotten schälen, waschen und mit dem Sparschäler längs in dünne Streifen schneiden.

Den Weißweinessig mit dem Senf, dem Zucker, dem Salz und dem Olivenöl in ein Schraubglas geben, verschließen und kräftig schütteln. Die Karotten mit etwas Dressing marinieren. Die Cashewkerne in einer beschichteten Pfanne goldbraun rösten.

Die Grapefruits so schälen, dass die gesamte weiße Haut mit entfernt wird, die Grapefruits in dünne Scheiben schneiden und auf Teller legen. Die Karottenstreifen locker darauf verteilen.

Die Gartenkresse vom Beet schneiden, mit den Cashewkernen über den Salat streuen und mit dem übrigen Dressing beträufeln. Den Salat mit dem Pfeffer bestreuen und servieren.

DIE MINIMAX-ZUTATEN

Karotten
Cashewkerne
Grapefruits
Gartenkresse

SÜSSKARTOFFEL-TOMATEN-SALAT MIT LIMETTENDRESSING

FÜR 4 PERSONEN

Zubereitungszeit: etwa 20 Minuten
Garzeit: etwa 5 Minuten

ZUTATEN

1–2 Süßkartoffeln (etwa 500 g)
Salz
4 Strauchtomaten
1 Bund glatte Petersilie
2 Limetten
2 TL flüssiger Honig
1 TL mittelscharfer Senf
3 EL Olivenöl
schwarzer Pfeffer aus der Mühle

Die Süßkartoffeln schälen, waschen, in 2 cm große Würfel schneiden und in Salzwasser etwa 5 Minuten garen.

Die Tomaten waschen, halbieren, den Blütenansatz herausschneiden, die Tomaten in Scheiben schneiden und auf Tellern anrichten. Die Petersilie waschen, trockentupfen und die Blätter abzupfen. Die Limetten halbieren und den Saft auspressen.

Den Limettensaft, 3 EL Wasser, die Hälfte der Petersilie, den Honig, den Senf und 2–3 Prisen Salz fein pürieren. Das Olivenöl zugeben und kurz untermixen.

Die Süßkartoffelwürfel auf den Tomatenscheiben verteilen, mit dem Dressing beträufeln und mit den übrigen Petersilienblättern bestreuen. Den Salat mit dem Pfeffer bestreuen und servieren.

DIE MINIMAX-ZUTATEN

Süßkartoffeln
Strauchtomaten
Petersilie
Limetten

ROTE-BETE-FRISCHKÄSE-TÖRTCHEN

FÜR 4 PERSONEN

Zubereitungszeit: etwa 25 Minuten
Garzeit: etwa 2–3 Minuten

ZUTATEN

3 EL Olivenöl
4 Scheiben Graubrot
2 Rote Bete, mit Grün (am besten Bio)
3 EL Balsamicoessig
2 TL flüssiger Honig
Salz
schwarzer Pfeffer aus der Mühle
200 g Doppelrahmfrischkäse
3 EL Milch

AUSSERDEM

4 Vorspeisenringe oder runde
Ausstecher (etwa 8 cm), Olivenöl
zum Einfetten, Backpapier,
Einweghandschuhe, Spritzbeutel
mit Lochtülle (etwa 15 mm)

DIE MINIMAX-ZUTATEN

Graubrot
Rote Bete
Doppelrahmfrischkäse

Die vier Vorspeisenringe innen mit etwas Olivenöl einfetten. Aus der Mitte der Brotscheiben mit dem Ring jeweils eine runde Scheibe ausstechen und in den Vorspeisenring setzen. Das restliche Brot würfeln, zu groben Bröseln zerkleinern und in einer beschichteten Pfanne knusprig rösten.

Die Rote Bete putzen, (mit Einweghandschuhen) schälen, dabei die kleinen, zarten Blätter beiseitelegen und die Knollen in kleine Würfel schneiden. Rote-Bete-Würfel in 1 EL erhitztem Öl in einer Pfanne 2–3 Minuten anschwitzen, mit dem Essig und dem Honig ablöschen und kräftig mit Salz und Pfeffer würzen.

Den Frischkäse mit der Milch, 2 Prisen Salz und Pfeffer cremig rühren und in einen Spritzbeutel mit Lochtülle füllen. Die Frischkäsecreme entlang der Innenseite der Vorspeisenringe auf die Brotscheiben spritzen. Die Rote Bete in den entstandenen »Becher« füllen. Die gerösteten Brotkrumen darüberstreuen, mit Pfeffer bestreuen und mit dem übrigen Olivenöl beträufeln. Jeweils 1–2 junge, zarte Bete-Blätter als Garnitur auf die Türmchen legen und servieren.

TIPP

Vorspeisenringe sind praktisch, um einem Gericht schnell und unkompliziert eine schöne Form zu verleihen. Die Anschaffung lohnt sich! Wenn Sie jedoch keine Vorspeisenringe besitzen, können Sie das Türmchen auch »freestyle« anrichten.

ZIEGENKÄSE-BÄLLCHEN AUF CHILI-BIRNEN

FÜR 4 PERSONEN

Zubereitungszeit: etwa 20 Minuten
Garzeit: etwa 2–3 Minuten

ZUTATEN

1 unbehandelte Zitrone
3 Birnen
1 milde rote Chilischote
2 EL Olivenöl
1 TL flüssiger Honig
Salz
schwarzer Pfeffer aus der Mühle
2 Bund Schnittlauch
400 g fester Ziegenfrischkäse
3 EL Weißweinessig

Die Zitrone heiß abwaschen, trockentupfen, die Schale fein abreiben, die Zitrone halbieren und den Saft auspressen. Die Birnen waschen, schälen, vierteln und das Kerngehäuse entfernen. Die Birnenviertel in Spalten schneiden und mit dem Zitronensaft beträufeln.

Die Chilischote halbieren, die Kerne entfernen, die Schote waschen und in kleine Würfel schneiden. Die Birnenspalten und die Chilischote in dem erhitzten Öl etwa 2–3 Minuten anschwitzen, mit dem Honig beträufeln, mit Salz und Pfeffer würzen und abkühlen lassen.

Den Schnittlauch waschen, trockentupfen und in feine Röllchen schneiden. Den Ziegenfrischkäse mit dem Zitronenabrieb vermengen, mit Salz und Pfeffer würzen, mit angefeuchteten Händen zu kleinen Bällchen rollen und in dem Schnittlauch wälzen.

Die Birnenspalten mit dem Sud auf Tellern anrichten, die Bällchen darauflegen, mit Pfeffer bestreuen und servieren.

DIE MINIMAX-ZUTATEN

Zitrone
Birnen
Chilischote
Schnittlauch
Ziegenfrischkäse

ROH MARINIERTES FORELLEN-CARPACCIO MIT GRÜNEM SPARGELSALAT

FÜR 4 PERSONEN

Zubereitungszeit: etwa 20 Minuten

ZUTATEN

4 Forellenfilets (küchenfertig,
    ohne Haut, à ca. 150 g)
1 unbehandelte Zitrone
Salz
1 Zitrone
4 EL Olivenöl
weißer Pfeffer aus der Mühle
2 Bund grüner Spargel
1 TL Zucker
3 EL Weißweinessig
2 Beete Gartenkresse

Die Forellenfilets waschen, trockentupfen, in dünne Scheiben schneiden und auf vier Tellern verteilen.

Die unbehandelte Zitrone gründlich abwaschen, trockentupfen und die Schale mit einem Sparschäler dünn abschälen. Die Schalenstreifen in feine Zesten schneiden und mit 2 Prisen Salz in einer kleinen Schüssel vermischen. Den Zitronensaft beider Früchte auspressen, mit 2 EL Olivenöl über den Fisch träufeln und mit Pfeffer bestreuen.

Den Spargel waschen, die Stangen im unteren Drittel schälen, die Enden abschneiden und die Spargelstangen schräg in dünne Scheiben schneiden. Spargelscheiben mit 2 Prisen Salz, Pfeffer, Zucker, dem Essig und dem restlichen Öl vermischen.

Kresse vom Beet schneiden. Den Spargelsalat auf dem Forellen-Carpaccio anrichten, mit der Kresse und den Zitronenzesten bestreuen und servieren.

DIE MINIMAX-ZUTATEN

Forellenfilets
Zitrone
Spargel
Gartenkresse

LACHSTATAR
AUF KOHLRABI-SALAT

FÜR 4 PERSONEN

Zubereitungszeit: etwa 25 Minuten

ZUTATEN

2 mittlere Kohlrabis mit Grün
    (am besten Bio-Qualität)
Salz
500 g frisches Lachsfilet
    (küchenfertig, ohne Haut)
1 unbehandelte Limette
3 EL Sojasauce
weißer Pfeffer aus der Mühle
1 TL flüssiger Honig
4 EL Olivenöl

AUSSERDEM

Vorspeisenring (etwa 6 cm)

Bei den Kohlrabis die kleinen inneren Blätter beiseitelegen, die Kohlrabis schälen, waschen und in dünne Scheiben hobeln. Kohlrabischeiben mit ½ TL Salz vermischen und etwa 5 Minuten ziehen lassen. Das Lachsfilet waschen, trockentupfen und in kleine Würfel schneiden.

Die Limette waschen, trockentupfen, die Schale fein abreiben, die Limette halbieren und den Saft auspressen. Die Limettenschale und die Sojasauce mit den Lachswürfeln vermischen und mit Salz und Pfeffer würzen. Den Limettensaft mit 2 EL Wasser, dem Honig, dem Olivenöl und 2 Prisen Salz in ein Schraubglas füllen, verschließen und kräftig schütteln.

Das Dressing mit den Kohlrabischeiben vermischen und auf vier Tellern auslegen. Mittig einen Vorspeisenring daraufsetzen, ein Viertel des Lachstatars hineingeben, etwas andrücken und den Ring wieder abziehen. Das Lachstatar mit Pfeffer bestreuen und mit den jungen Kohlrabiblättern garnieren. Das restliche Dressing über den Salat träufeln und servieren.

DIE MINIMAX-ZUTATEN

Kohlrabi
Lachsfilet
Limette

WEISSER SPARGEL MIT KRÄUTER-CRÈME UND RÄUCHERAAL

FÜR 4 PERSONEN

Zubereitungszeit: etwa 30 Minuten
Garzeit: etwa 20–25 Minuten

ZUTATEN

2 Bund weißer Spargel
2 unbehandelte Zitronen
Salz
1 Bund Frankfurter Kräuter
300 g Schmand
2 TL mittelscharfer Senf
weißer Pfeffer aus der Mühle
500 g Räucheraal

Einen großen, länglichen Topf mindestens 2 cm hoch mit Wasser befüllen und das Wasser aufkochen. Den Spargel waschen, schälen und die Enden abschneiden. Die Zitronen gründlich abwaschen und trockentupfen. Eine Zitrone halbieren, den Saft einer Hälfte auspressen und die übrigen Zitronen in Scheiben schneiden.

Ein Dämpfsieb in den Topf setzen, den Spargel hineinlegen, mit Salz würzen, die Zitronenscheiben darauflegen und abgedeckt etwa 20–25 Minuten dämpfen. Die Kräuter waschen, trockentupfen, die Blätter abzupfen und einige schöne Blättchen zum Bestreuen beiseitelegen.

Die Kräuter, den Schmand, den Senf, den Zitronensaft, 1 TL Salz und ½ TL Pfeffer pürieren. Den Räucheraal in Stücke schneiden, die Haut abziehen und das Aalfleisch in kleine Stücke zupfen. Den Spargel mit den Aalstücken auf Tellern anrichten, die Kräutercreme in Tupfen darauf verteilen, mit den übrigen Kräuterblättchen bestreuen und servieren.

TIPP

Nutzen Sie den Spargel-Schäl-Service, der vielerorts angeboten wird, und sparen Sie so etwa 10 Minuten Vorbereitungszeit.

DIE MINIMAX-ZUTATEN

Spargel
Zitronen
Frankfurter Kräuter
Schmand
Räucheraal

HÄHNCHENSCHNECKEN AUF MAIS-TOMATEN-SALAT

FÜR 4 PERSONEN

Zubereitungszeit: etwa 20 Minuten
Garzeit: etwa 10 Minuten

ZUTATEN

3 Zweige Oregano
1 EL Butter
1 TL edelsüßes Paprikapulver
Salz
weißer Pfeffer aus der Mühle
3 Hähnchenbrustfilets (à ca. 200 g)
6 Strauchtomaten
1 Dose Mais (Abtropfgewicht 285 g)
1 Bund Frühlingszwiebeln
1 TL Zucker
3 EL Weißweinessig
2 EL Olivenöl

AUSSERDEM

8 Holzspieße

Den Oregano waschen, trocken tupfen und die Blätter abzupfen.

Die Butter schmelzen. Das Paprikapulver, den Oregano, ½ TL Salz und Pfeffer zugeben und etwa 2–3 Minuten bei mittlerer Temperatur bräunen.

Die Hähnchenbrustfilets waschen, trockentupfen und längs in dünne Streifen schneiden. Jeweils 2–3 Streifen der Länge nach auslegen, zu Schnecken aufrollen, mit Spießen feststecken und mit der Gewürzbutter bestreichen.

Die Tomaten waschen, den Blütenansatz entfernen und die Tomaten in kleine Würfel schneiden. Den Mais abtropfen lassen. Die Frühlingszwiebeln putzen, waschen, in feine Ringe schneiden und mit dem Mais und den Tomaten vermischen.

Für das Dressing ½ TL Salz, Pfeffer, Zucker, den Essig und das Öl verrühren und mit den Salatzutaten vermischen.

Hähnchenschnecken in einer beschichteten Pfanne von beiden Seiten etwa 8–10 Minuten braten, mit dem Mais-Tomaten-Salat auf Tellern anrichten und servieren.

DIE MINIMAX-ZUTATEN

Oregano
Hähnchenbrustfilets
Strauchtomaten
Mais (Dose)
Frühlingszwiebeln

SPINATSALAT MIT ERDBEERVINAIGRETTE UND ENTENLEBER

FÜR 4 PERSONEN

Zubereitungszeit: etwa 20 Minuten
Garzeit: etwa 2–3 Minuten

ZUTATEN

150 g frischer Baby-Blattspinat
500 g Erdbeeren
2 EL Weißweinessig
2 TL Honig
2 EL Olivenöl
Salz
300 g Entenleber
    (ersatzweise Hähnchenleber)
2 Schalotten
25 g Pinienkerne
schwarzer Pfeffer aus der Mühle

Den Spinat waschen und trockenschütteln. Die Erdbeeren waschen, putzen, ein Drittel mit dem Essig, 1 TL Honig, 1 EL Öl und 1 Prise Salz pürieren. Die übrigen Erdbeeren vierteln.

Die Entenleber waschen, trockentupfen und in mundgerechte Stücke schneiden. Die Schalotten abziehen und in dünne Spalten schneiden. Die Entenleber, die Schalotten und die Pinienkerne in dem restlichen erhitzten Öl in einer Pfanne etwa 2–3 Minuten unter Wenden kräftig anbraten und mit Salz und Pfeffer sowie dem übrigen Honig würzen.

Den Spinatsalat mit den Erdbeeren auf Tellern verteilen. Die gebratene Entenleber mit den Schalotten und den Pinienkernen daraufgeben, mit der Erdbeervinaigrette beträufeln und servieren.

DIE MINIMAX-ZUTATEN

Spinat
Erdbeeren
Entenleber
Schalotten
Pinienkerne

RUMPSTEAK-CARPACCIO MIT GURKEN-KORIANDER-SALSA

Zubereitungszeit: etwa 20 Minuten
Garzeit: etwa 12 Minuten

ZUTATEN

1 TL Korianderkörner
        (ersatzweise: gemahlen)
2 TL mittelscharfer Senf
1 TL Honig
2 EL Sojasauce
schwarzer Pfeffer aus der Mühle
2 Rumpsteaks (à ca. 250 g)
1 Salatgurke
Salz
1 Bund Koriander
1 TL Zucker
4 EL Olivenöl
2 EL Weißweinessig

AUSSERDEM

Gefrierbeutel

DIE MINIMAX-ZUTATEN

Korianderkörner
Rumpsteaks
Salatgurke
frischer Koriander

Den Koriander in einem Mörser zerstoßen, mit dem Senf, dem Honig, der Sojasauce und ½ TL Pfeffer verrühren. Die Rumpsteaks trockentupfen, mit der Marinade in einen Gefrierbeutel geben, die Marinade einmassieren und das Fleisch bei Zimmertemperatur beiseitestellen.

Die Gurke waschen, putzen, in Würfel schneiden, mit ½ TL Salz vermischen und etwa 10 Minuten ziehen lassen. Den Koriander waschen, trockentupfen und die Blätter abzupfen. Die Gurkenwürfel abgießen, den Koriander, Zucker, 2 EL Öl und dem Essig zugeben und untermischen.

Die Steaks aus der Marinade nehmen, abtropfen lassen und trockentupfen. Die Marinade beiseitestellen. Die Steaks in dem restlichen erhitzten Öl von beiden Seiten jeweils 2 Minuten braten, mit der übrigen Marinade begießen, das Fleisch wenden und etwa 5 Minuten ziehen lassen. Die Steaks nochmals wenden und weitere 3 Minuten ziehen lassen.

Die Steaks in dünne Scheiben schneiden, auf Tellern auslegen und mit Salz und Pfeffer würzen. Die Gurken-Koriander-Salsa auf den Steaks verteilen und servieren.

TIPP

Wer keinen Mörser hat, gibt die Koriandersamen in einen Gefrierbeutel und zerdrückt sie mit einem Pfannen- oder Topfboden.

APRIKOSEN IM SPECKMANTEL AUF FELDSALAT

FÜR 4 PERSONEN

Zubereitungszeit: etwa 20 Minuten
Garzeit: etwa 5 Minuten

ZUTATEN

50 g Mandelblättchen
6 Scheiben Frühstücksbacon
12 getrocknete Aprikosen
75 g Frischkäse
3 EL Olivenöl
150 g Feldsalat
2 EL Balsamicoessig
1 TL flüssiger Honig
1 Prise Salz
schwarzer Pfeffer aus der Mühle

Die Mandelblättchen in einer beschichteten Pfanne goldbraun rösten und herausnehmen. Baconscheiben halbieren.

Die Aprikosen aufklappen, mit einem Klecks Frischkäse füllen, wieder verschließen, jeweils mit einer halben Scheibe Bacon umwickeln und in 1 EL erhitztem Öl goldbraun und knusprig braten.

Den Feldsalat waschen, putzen und trockenschütteln. Den Essig mit dem Honig, dem restlichen Öl und dem Salz in ein Schraubglas füllen, verschließen und kräftig schütteln.

Den Feldsalat mit dem Dressing marinieren, mit den Aprikosen und den Mandelblättchen auf Tellern anrichten, mit Pfeffer bestreuen und servieren.

DIE MINIMAX-ZUTATEN

Mandelblättchen
Frühstücksbacon
getrocknete Aprikosen
Frischkäse
Feldsalat

GEGRILLTER PIMIENTOS-SALAT

Zubereitungszeit: etwa 15 Minuten
Garzeit: etwa 10 Minuten

ZUTATEN

300 g Pimientos (Bratpaprika)
4–5 EL Olivenöl
1 TL grobes Meersalz
150 g Rucola
300 g Kirschtomaten
8 Scheiben Kochschinken
4 EL Weißweinessig
1 gestr. TL Zucker
1 Prise Salz
schwarzer Pfeffer aus der Mühle

Die Pimientos waschen, in 2 EL erhitztem Öl in einer Pfanne scharf anbraten, bis die Haut an einigen Stellen braun wird und Blasen wirft, und mit dem Meersalz würzen.

Den Rucola waschen, putzen und trockenschütteln. Die Kirschtomaten waschen und halbieren. Den Schinken portionsweise in etwas erhitztem Öl goldbraun und knusprig braten und auf Küchenpapier abtropfen lassen.

Den Essig, das restliche Öl, Zucker und Salz verrühren und mit dem Rucola, den Kirschtomaten und den Pimientos vermischen. Den Salat mit den Schinkenscheiben auf Tellern anrichten, mit Pfeffer bestreuen und servieren.

DIE MINIMAX-ZUTATEN

Pimientos
Meersalz
Rucola
Kirschtomaten
Kochschinken

SUPPEN

KALTE GURKEN-PESTO-SUPPE

FÜR 4 PERSONEN

Zubereitungszeit: etwa 20 Minuten

ZUTATEN

50 g Pinienkerne
1 Salatgurke
500 g Naturjoghurt
Salz
Chili aus der Mühle oder Chiliflocken
2 TL Zucker
3 EL Weißweinessig
6 EL Olivenöl
1 Bund Basilikum
50 g Parmesan
weißer Pfeffer aus der Mühle

Die Pinienkerne in einer beschichteten Pfanne goldbraun rösten. Die Gurke waschen, der Länge nach halbieren, die Kerne entfernen und die Gurke in Stücke schneiden. Die Gurkenstücke, den Joghurt, 200 ml kaltes Wasser, 2 TL Salz, eine Prise Chili, Zucker, Essig und 2 EL Öl fein pürieren und kalt stellen.

Das Basilikum waschen, trockentupfen und die Blätter abzupfen. Einige kleine Blätter beiseitelegen. Den Parmesan fein reiben. Die Basilikumblätter und die Pinienkerne fein hacken, mit dem restlichen Olivenöl und dem Parmesan verrühren und mit Salz und Pfeffer würzen.

Die gut gekühlte Suppe in Schalen anrichten. Das Pesto auf die Suppe geben, mit einem Löffelstiel marmorieren, mit den übrigen Basilikumblättchen bestreuen und servieren.

DIE MINIMAX-ZUTATEN

Pinienkerne
Salatgurke
Naturjoghurt
Basilikum
Parmesan

MAISSUPPE MIT RUCOLA-PESTO

FÜR 4 PERSONEN

Zubereitungszeit: etwa 15 Minuten
Garzeit: etwa 20 Minuten

ZUTATEN

1 Zwiebel
1 große und 1 kleine Dose Mais
    (Abtropfgewicht gesamt 425 g)
2 EL Olivenöl
1 TL Zucker
2 EL Sojasauce
Salz
weißer Pfeffer aus der Mühle
Chili aus der Mühle
50 g Rucola
30 g geschälte Mandeln
75 ml Rapsöl
1 TL Weißweinessig

Die Zwiebel abziehen und würfeln. Den Mais abtropfen lassen und mit der Zwiebel in dem erhitzten Olivenöl anschwitzen. Den Zucker und die Sojasauce zugeben und etwa 1–2 Minuten anrösten.

800 ml Wasser angießen, mit 1 TL Salz, 2 Prisen Pfeffer und Chili würzen, aufkochen und abgedeckt etwa 15 Minuten köcheln lassen.

Den Rucola waschen, putzen, trockenschütteln, mit den Mandeln, dem Rapsöl und dem Essig nicht zu fein pürieren und mit Salz und Pfeffer würzen.

Die Maissuppe fein pürieren, mit Salz und Pfeffer abschmecken, in Suppenschalen anrichten, mit dem Pesto beträufeln und servieren.

DIE MINIMAX-ZUTATEN

Zwiebel
Mais (Dose)
Rucola
Mandeln

ZUCCHININUDEL-SUPPE MIT RÄUCHERTOFU

FÜR 4 PERSONEN

Zubereitungszeit: etwa 15 Minuten
Garzeit: etwa 5–8 Minuten

ZUTATEN

800 ml Gemüsebrühe
3 dünne Zucchini
250 g Räuchertofu
1 Bund Frühlingszwiebeln
Salz
weißer Pfeffer aus der Mühle
Chili aus der Mühle

Die Brühe aufkochen. Die Zucchini waschen, die Enden abschneiden und die Zucchini mit einem Sparschäler längs in dünne Streifen schneiden.

Den Räuchertofu in kleine Würfel schneiden. Die Frühlingszwiebeln putzen, waschen und in feine Ringe schneiden.

Die Zucchininudeln, den Tofu und die Frühlingszwiebeln in die heiße Brühe geben und kurz aufkochen. Die Suppe mit Salz, Pfeffer und Chili würzen und servieren.

DIE MINIMAX-ZUTATEN

Gemüsebrühe
Zucchini
Räuchertofu
Frühlingszwiebeln

PAPRIKASUPPE
MIT HÜTTENKÄSE-CROSTINI

FÜR 4 PERSONEN

Zubereitungszeit: etwa 20 Minuten
Garzeit: etwa 25 Minuten

ZUTATEN

3 rote Paprikaschoten
1 Zwiebel
1 EL Butter
2 TL Zucker
1 TL edelsüßes Paprikapulver
Salz
1 kleines Baguette
3 EL Olivenöl
1 Beet Gartenkresse
schwarzer Pfeffer aus der Mühle
Chili aus der Mühle
150 g Hüttenkäse
Olivenöl zum Beträufeln

Den Backofen auf 200 °C (Ober-/Unterhitze) vorheizen. Die Paprikaschoten halbieren, die Kerne entfernen, die Schoten waschen und würfeln. Die Zwiebel abziehen und ebenfalls würfeln. Die Zwiebeln und die Paprikaschoten in der erhitzten Butter etwa 3 Minuten anschwitzen.

Den Zucker und das Paprikapulver einstreuen und kurz anrösten. 800 ml Wasser angießen, 1 TL Salz zur der Suppe geben, aufkochen und abgedeckt etwa 15 Minuten köcheln lassen.

Das Baguette in Scheiben schneiden, auf ein Backblech legen, mit dem Öl bestreichen und im Backofen etwa 10 Minuten goldbraun rösten. Kresse vom Beet schneiden.

Die Suppe fein pürieren und mit Salz, Pfeffer und Chili abschmecken. Den Hüttenkäse auf den Baguettescheiben verteilen, mit Salz und Pfeffer würzen und mit der Kresse bestreuen.

Die Suppe in Schalen anrichten, mit etwas Öl beträufeln und mit den Hüttenkäse-Crostini servieren.

DIE MINIMAX-ZUTATEN

Paprikaschoten
Zwiebel
Baguette
Gartenkresse
Hüttenkäse

COUSCOUS-SAFRAN-SUPPE MIT GARNELEN

FÜR 4 PERSONEN

Zubereitungszeit: etwa 15 Minuten
Garzeit: etwa 5–8 Minuten

ZUTATEN

1 l Gemüsebrühe
2 Prisen Safran
250 g tiefgekühlte Erbsen
12 Riesengarnelen (küchenfertig,
     ohne Schale)
2 EL Olivenöl
Salz
schwarzer Pfeffer aus der Mühle
100 g Instant-Couscous

Die Brühe mit dem Safran und den Erbsen aufkochen und 3–4 Minuten köcheln lassen. Die Garnelen waschen, trockentupfen, in dem erhitztem Öl in einer Pfanne von beiden Seiten etwa 2 Minuten braten und mit Salz und Pfeffer würzen.

Den Couscous über die Garnelen streuen und unterheben. Die Suppe mit Salz würzen.

Die Couscous-Garnelen-Mischung in tiefen Tellern verteilen, die heiße Suppe darüber schöpfen und servieren.

TIPP

Der Couscous quillt in der heißen Suppe während des Servierens – also keine Sorge, dass er zu hart ist.

DIE MINIMAX-ZUTATEN

Gemüsebrühe
Safran
Erbsen
Riesengarnelen
Instant-Couscous

GARNELEN-GEMÜSE-SUPPE

Zubereitungszeit: etwa 15 Minuten
Garzeit: etwa 10 Minuten

ZUTATEN

1 l Gemüsebrühe
400 g tiefgekühlte italienische
    Gemüsemischung
1 Bund krause Petersilie
5 EL Olivenöl
12 Riesengarnelen (küchenfertig,
    ohne Schale)
Salz
schwarzer Pfeffer aus der Mühle

Die Brühe aufkochen, die Gemüsemischung dazugeben und etwa 5 Minuten köcheln lassen.

Die Petersilie waschen, trockentupfen, die Blätter abzupfen und mit 4 EL Öl fein pürieren.

Die Garnelen waschen, trockentupfen, in dem restlichen erhitzten Öl in einer Pfanne ca. 2 Minuten von beiden Seiten braten und mit Salz und Pfeffer würzen.

Die Suppe mit Salz würzen. Die Garnelen in tiefen Tellern verteilen, die heiße Suppe darüber schöpfen, mit dem Petersilien-Öl beträufeln und servieren.

DIE MINIMAX-ZUTATEN

Gemüsebrühe
italienische Gemüsemischung
Petersilie
Riesengarnelen

KÜRBIS-CHORIZO-EINTOPF

FÜR 4 PERSONEN

Zubereitungszeit: etwa 20 Minuten
Garzeit: etwa 15 Minuten

ZUTATEN

1 Hokkaido-Kürbis
2 rote Zwiebeln
1 abgehangene, feste Chorizo
1 unbehandelte Orange
2 EL Olivenöl
1 TL Zucker
1 TL getrockneter Oregano
Salz
schwarzer Pfeffer aus der Mühle
Chili aus der Mühle

Den Hokkaido-Kürbis gründlich waschen, halbieren, die Kerne entfernen und das Kürbisfruchtfleisch in 2 cm große Würfel schneiden. Die Zwiebeln abziehen und in dünne Spalten schneiden.

Die Chorizo in 1 cm dicke Scheiben schneiden. Die Orange abwaschen, trockentupfen, die Schale fein abreiben, die Orange halbieren und den Saft auspressen.

Die Chorizo und die Zwiebeln in dem erhitzten Öl 2–3 Minuten goldbraun anbraten. Die Kürbiswürfel zugeben, 2 Minuten anschwitzen und 1 Liter Wasser und den Orangensaft angießen. Den Zucker, den Oregano, den Orangenabrieb, 1 TL Salz und 2 Prisen Pfeffer zugeben, aufkochen und abgedeckt 10 Minuten köcheln lassen.

Den Eintopf mit Salz, Pfeffer und etwas Chili würzig abschmecken und servieren.

DIE MINIMAX-ZUTATEN

Hokkaido-Kürbis
rote Zwiebeln
Chorizo
Orange

SÜSSKARTOFFELSUPPE MIT CHORIZO-CHIPS

FÜR 4 PERSONEN

Zubereitungszeit: etwa 15 Minuten
Garzeit: etwa 15 Minuten

ZUTATEN

2 Süßkartoffeln (etwa 500 g)
1 EL Butter
1 TL Zucker
1 gestr. TL edelsüßes Paprikapulver
800 ml Gemüsebrühe
8 Scheiben Chorizo
½ Bund Thymian
150 g Sauerrahm
Salz
weißer Pfeffer aus der Mühle

Die Süßkartoffeln schälen, waschen, würfeln und in erhitzter Butter anschwitzen. Den Zucker und das Paprikapulver überstreuen, die Brühe angießen, aufkochen und abgedeckt etwa 15 Minuten köcheln lassen.

Die Chorizo in einer beschichteten Pfanne knusprig braten und auf Küchenpapier abtropfen lassen.

Den Thymian waschen, trockentupfen, die Blätter abzupfen, mit dem Sauerrahm verrühren und mit Salz und Pfeffer würzen.

Die Suppe fein pürieren, mit Salz und Pfeffer würzig abschmecken und in Suppentassen oder -schalen verteilen. Den Sauerrahm und die Chips als Topping auf die Suppe geben und servieren.

DIE MINIMAX-ZUTATEN

Süßkartoffeln
Gemüsebrühe
Chorizo
Thymian
Sauerrahm

SPITZKOHLSUPPE MIT BRÄTKLÖSSCHEN

FÜR 4 PERSONEN

Zubereitungszeit: etwa 15 Minuten
Garzeit: etwa 20 Minuten

ZUTATEN

1 kleiner Spitzkohl
1 TL Zucker
1 TL edelsüßes Paprikapulver
1 EL Butter
150 g süße Sahne
Salz
schwarzer Pfeffer aus der Mühle
3 frische, feine Bratwürste
1 EL Olivenöl

Den Spitzkohl halbieren, den Strunk herausschneiden, die äußeren Blätter entfernen und den Spitzkohl in kleine Stücke schneiden.

Den Spitzkohl mit dem Zucker und dem Paprikapulver in der erhitzten Butter 2–3 Minuten anschwitzen. 800 ml Wasser und die Sahne angießen, mit 1 TL Salz und 2 Prisen Pfeffer würzen, aufkochen und abgedeckt etwa 15 Minuten köcheln lassen.

Das Wurstbrät aus der Pelle drücken, mit angefeuchteten Händen zu kleinen Bällchen formen und in dem erhitzten Öl von allen Seiten goldbraun braten.

Die Suppe fein pürieren, mit Salz und Pfeffer abschmecken und mit den Brätklößchen servieren.

DIE MINIMAX-ZUTATEN

Spitzkohl
Sahne
Bratwürste

LINSENSCHAUMSUPPE MIT BACON

FÜR 4 PERSONEN

Zubereitungszeit: etwa 10 Minuten
Garzeit: etwa 10 Minuten

ZUTATEN

2 kleine Dosen Linsen, tafelfertig
     (Abtropfgewicht gesamt 250 g)
800 ml Gemüsebrühe
1 TL getrockneter Oregano
4 Scheiben Frühstücksbacon
1 Bund Schnittlauch
150 g süße Sahne
Salz
schwarzer Pfeffer aus der Mühle

Die Linsen in einem Sieb abtropfen lassen, mit der Brühe und dem Oregano aufkochen und abgedeckt 10 Minuten köcheln lassen.

Den Bacon in einer beschichteten Pfanne ohne Fettzugabe knusprig braten. Den Schnittlauch waschen, trockentupfen und in feine Röllchen schneiden.

Die Linsensuppe mit der Sahne verfeinern und mit Salz und Pfeffer würzen. Die Suppe mit einem Pürierstab fein pürieren, schaumig aufmixen und in Suppenschalen füllen. Den Schnittlauch überstreuen, mit dem Bacon garnieren und servieren.

DIE MINIMAX-ZUTATEN

Linsen (Dose)
Gemüsebrühe
Frühstücksbacon
Schnittlauch
Sahne

SPARGELSUPPE MIT BRÄT-TASCHEN

FÜR 4 PERSONEN

Zubereitungszeit: etwa 25 Minuten
Garzeit: etwa 11 Minuten

ZUTATEN

1 Bund weißer Spargel
1 Bund grüner Spargel
Salz
1 TL Zucker
2 frische, grobe Bratwürste
12 Blätter Wan-Tan-Teig
weißer Pfeffer aus der Mühle

Beide Spargelsorten waschen, den weißen Spargel ganz schälen, bei dem grünen Spargel nur das untere Drittel schälen, die Spargelenden abschneiden und die Spargelstangen in 2 cm lange Stücke schneiden. Die Spargelschalen und -enden mit 1,2 l Wasser aufkochen und 5 Minuten offen kochen lassen.

Den Spargelsud durch ein Sieb gießen, mit 1 TL Salz und dem Zucker wieder aufkochen, die Spargelstücke dazugeben und etwa 6 Minuten köcheln lassen.

Die Bratwürste der Länge nach aufschneiden und das Brät aus der Pelle lösen. Die Wan-Tan-Teigblätter auf einer Arbeitsfläche ausbreiten, das Brät darauf verteilen, die Ränder mit etwas Wasser bestreichen, die Blätter zu Dreiecken zusammenklappen und dabei die Ränder gut andrücken.

Die Teigtaschen mit in die Brühe geben und etwa 1–2 Minuten darin garen. Die Brühe nochmals mit Salz und Pfeffer würzen und servieren.

TIPP

Wan-Tan-Teigblätter lassen sich gut einfrieren. Einfach portionsweise (meist 12 Blätter) in einen Gefrierbeutel legen, fest verschließend und nach Bedarf auftauen.

DIE MINIMAX-ZUTATEN

weißer Spargel
grüner Spargel
Bratwürste
Wan-Tan-Teig

HAUPTGERICHTE

GEBACKENE AUBERGINEN MIT KRÄUTER-PESTO

FÜR 4 PERSONEN

Zubereitungszeit: etwa 15 Minuten
Garzeit: etwa 8 Minuten

ZUTATEN

50 g Pinienkerne
1 Bund Frankfurter Kräuter
125 ml Rapsöl
1 TL Honig
2 EL Weißweinessig
Salz
schwarzer Pfeffer aus der Mühle
2 Auberginen
3 Eier
100 g Parmesan
150 g Weizenmehl Type 405

Den Backofen zum Warmstellen auf 60 °C (Ober-/Unterhitze) vorheizen. Die Pinienkerne in einer beschichteten Pfanne goldbraun rösten. Die Kräuter waschen, trockentupfen, die Blättchen abzupfen und mit den Pinienkernen, 75 ml Öl, dem Honig, dem Essig, 2 Prisen Salz und Pfeffer fein pürieren.

Die Auberginen waschen, trockentupfen und in 1 cm dicke Scheiben schneiden. Die Eier aufschlagen. Den Parmesan fein reiben. Den geriebenen Parmesan mit den Eiern in einer flachen Schale verquirlen. Das Mehl ebenfalls in eine flache Schale geben.

Die Auberginenscheiben mit Salz und Pfeffer würzen, erst in dem Mehl, anschließend in der Parmesan-Eiermischung wenden und portionsweise in dem restlichen erhitzten Öl goldbraun und knusprig braten.

Die gebratenen Scheiben auf Küchenpapier abtropfen lassen und im Backofen warm stellen. Die Auberginenscheiben mit Salz und Pfeffer würzen und mit dem Kräuter-Pesto servieren.

DIE MINIMAX-ZUTATEN

Pinienkerne
Frankfurter Kräuter
Auberginen
Eier
Parmesan

GERÖSTETES OFENGEMÜSE MIT PAPRIKA-RELISH

FÜR 4 PERSONEN

Zubereitungszeit: etwa 20 Minuten
Garzeit: etwa 30 Minuten

ZUTATEN
1 Bund junge Karotten
6 Pastinaken
8 mittelgroße festkochende Kartoffeln
3 Zwiebeln
4 EL Olivenöl
1 TL getrockneter Oregano
2 TL flüssiger Honig
Salz
1 Glas geröstete Paprika
2 EL Weißweinessig
schwarzer Pfeffer aus der Mühle
Chili aus der Mühle

AUSSERDEM
Backpapier

Den Backofen auf 200 °C (Umluftgrill) vorheizen. Die Karotten, die Pastinaken und die Kartoffeln schälen, waschen und in 1 cm dicke Scheiben schneiden. Die Zwiebeln abziehen und in Spalten schneiden.

3 EL Öl, den Oregano, 1 TL Honig und 1 TL Salz verrühren, mit Karotten, Pastinaken, Kartoffeln und Zwiebeln vermischen, auf einem mit Backpapier ausgelegten Backblech verteilen und im Backofen etwa 30 Minuten garen. Das Gemüse zwischendurch wenden.

Die gerösteten Paprika abgießen und mit dem Essig, dem restlichen Öl, dem übrigen Honig, 2 Prisen Salz, Pfeffer und etwas Chili nicht zu fein pürieren. Ofengemüse und Paprika-Relish auf Tellern anrichten und servieren.

DIE MINIMAX-ZUTATEN

Karotten
Pastinaken
Kartoffeln
Zwiebeln
geröstete Paprika

SPINAT-COUSCOUS MIT PINIENKERNEN UND HALLOUMI

FÜR 4 PERSONEN

Zubereitungszeit: etwa 20 Minuten
Garzeit: 8 Minuten

ZUTATEN

200 g frischer Baby-Blattspinat
350 g Instant-Couscous
Salz
200 g Halloumi (Grillkäse)
4 EL Olivenöl
50 g Pinienkerne
weißer Pfeffer aus der Mühle
frisch geriebene Muskatnuss
3 EL Weißweinessig

Den Spinat waschen, putzen und trockenschütteln.

Den Couscous und 1 TL Salz mit 700 ml kochendem Wasser übergießen, unterrühren und etwa 5 Minuten ausquellen lassen. Den Halloumi klein würfeln und in 2 EL erhitztem Öl goldbraun braten.

Die Pinienkerne mit in die Pfanne geben und unter Rühren goldbraun rösten. Den Spinat zugeben, ganz kurz unterschwenken und mit Salz, Pfeffer und Muskatnuss würzen.

Den Couscous mit dem restlichen Öl und dem Essig vermischen und mit Salz und Pfeffer würzen. Die Pfannenmischung zu dem Couscous geben, vorsichtig unterheben und servieren.

DIE MINIMAX-ZUTATEN

Spinat
Instant-Couscous
Halloumi
Pinienkerne

ZARTWEIZEN-»RISOTTO«

FÜR 4 PERSONEN

Zubereitungszeit: etwa 15 Minuten
Garzeit: 10–12 Minuten

ZUTATEN

1 Bund Frühlingszwiebeln
50 g getrocknete, in Öl eingelegte
        Tomaten + 2 EL Tomatenöl
400 g Zartweizen
800 ml Gemüsebrühe
50 g Parmesan
50 g Crème fraîche
Salz
weißer Pfeffer aus der Mühle

Die Frühlingszwiebeln putzen, waschen, die weißen Stücke würfeln und die grünen Stücke in feine Ringe schneiden. Die Tomaten in Streifen schneiden.

Die hellen Frühlingszwiebelwürfel in dem erhitzten Tomatenöl anschwitzen. Den Zartweizen zugeben und weitere 1–2 Minuten anschwitzen. Die Brühe nach und nach angießen, sodass der Weizen gerade so bedeckt ist. Immer wieder Brühe nachgießen, sobald diese verkocht ist, und unter gelegentlichem Rühren etwa 10 Minuten köcheln lassen.

Den Parmesan fein reiben. Die Crème fraîche, die Tomaten und den Parmesan unter den fertigen »Risotto« mischen und mit Salz und Pfeffer abschmecken. Die grünen Frühlingszwiebelringe unterrühren und den Risotto heiß servieren.

Liebe Leserinnen und Leser, bei diesem Rezept haben wir ausnahmsweise sechs Zutaten verwendet.

DIE MINIMAX-ZUTATEN

Frühlingszwiebeln
getrocknete,
in Öl eingelegte Tomaten
Zartweizen
Gemüsebrühe
Parmesan
Crème fraîche

COUSCOUS-BRATLINGE
AUF RAHMPILZEN

FÜR 4 PERSONEN

Zubereitungszeit: etwa 30 Minuten
Garzeit: 10 Minuten

ZUTATEN

350 g Instant-Couscous
Salz
50 g Parmesan
1 Bund Frühlingszwiebeln
2 Eier
weißer Pfeffer aus der Mühle
2 TL edelsüßes Paprikapulver
800 g gemischte Pilze
2 EL Butter
100 g Crème fraîche
2–3 EL Olivenöl

Den Couscous und ½ TL Salz mit 600 ml kochendem Wasser übergießen und etwa 5 Minuten ausquellen lassen.

Den Parmesan fein reiben. Die Frühlingszwiebeln putzen, waschen, die weißen von den grünen Teilen abschneiden und beides voneinander getrennt in feine Ringe schneiden.

Die Eier, den Parmesan und die grünen Frühlingszwiebelringe zum Couscous geben und mit Salz, Pfeffer und Paprikapulver würzen.

Die Pilze mit einem Tuch trocken abreiben, in Scheiben schneiden und mit den weißen Frühlingszwiebelringen in erhitzter Butter goldbraun anschwitzen. 100 ml Wasser und die Crème fraîche dazugeben, etwa 5 Minuten köcheln lassen und mit Salz und Pfeffer würzen.

Mit einem Esslöffel die Couscous-Masse portionieren, etwas flach drücken, zu runden Bratlingen formen und in dem erhitzten Öl von beiden Seiten goldbraun braten. Die Bratlinge mit den Pilzen anrichten und servieren.

Liebe Leserinnen und Leser, bei diesem Rezept haben wir ausnahmsweise sechs Zutaten verwendet.

DIE MINIMAX-ZUTATEN

Instant-Couscous
Parmesan
Frühlingszwiebeln
Eier
gemischte Pilze
Crème fraîche

RÄUCHERTOFU AUF ARTISCHOCKENCREME MIT GEGRILLTEN TOMATEN

FÜR 4 PERSONEN

Zubereitungszeit: etwa 20 Minuten
Garzeit: 15 Minuten

ZUTATEN

500 g eingelegte Artischocken
    (Abtropfgewicht)
3 EL Olivenöl
2 TL flüssiger Honig
Salz
schwarzer Pfeffer aus der Mühle
250 g Räuchertofu
4 EL Sojasauce
6 Roma-Tomaten
3 Stängel Basilikum

Die Artischocken abtropfen lassen und in 1 EL erhitztem Öl anschwitzen. 100 ml Wasser angießen, abgedeckt etwa 5 Minuten köcheln lassen und mit 1 TL Honig, Salz und Pfeffer würzen.

Den Räuchertofu in 4 Scheiben schneiden, in eine Schale legen, mit der Sojasauce beträufeln und in einer erhitzten Grillpfanne in dem restlichen Öl von jeder Seite 2 Minuten anbraten.

Die Tomaten waschen, halbieren, den Blütenansatz entfernen und die Tomaten mit der Schnittseite nach unten mit in die Pfanne geben. Mit Salz und Pfeffer würzen, mit dem übrigen Honig beträufeln und 1–2 Minuten in der Pfanne erwärmen.

Die Artischocken mit der Flüssigkeit fein pürieren. Das Basilikum waschen, trockentupfen, die Blätter abzupfen und mit in die Pfanne geben. Den Tofu und die Tomaten mit dem Artischockenpüree auf Tellern anrichten und servieren.

DIE MINIMAX-ZUTATEN

eingelegte Artischocken
Räuchertofu
Roma-Tomaten
Basilikum

LINSENCURRY MIT TOFU

FÜR 4 PERSONEN

Zubereitungszeit: etwa 25 Minuten
Garzeit: etwa 20 Minuten

ZUTATEN

250 g Tofu
2 Orangen
2 EL Sojasauce
350 g gelbe Linsen
2 EL Currypulver
1 Bund Karotten
2 EL Olivenöl
Salz
schwarzer Pfeffer aus der Mühle
1–2 TL flüssiger Honig
Chili aus der Mühle

Den Tofu würfeln und in eine flache Schale legen. Die Orangen halbieren, den Saft auspressen und mit der Sojasauce über den Tofu gießen.

Die Linsen mit 800 ml Wasser und dem Currypulver aufkochen und offen 10 Minuten köcheln lassen. Die Karotten schälen, waschen, in Scheiben schneiden, nach 10 Minuten Garzeit zu den Linsen geben und weitere 5–8 Minuten garen.

Den Tofu in dem erhitzten Öl anschwitzen und dabei den Orangensaft verkochen lassen. Das Linsencurry mit Salz, Pfeffer, Honig und Chili abschmecken. Den Tofu mit Salz und Pfeffer würzen, über dem Curry verteilen und servieren.

DIE MINIMAX-ZUTATEN

Tofu
Orangen
Linsen
Currypulver
Karotten

GRATINIERTER TOFU MIT SPINATGEMÜSE

FÜR 4 PERSONEN

Zubereitungszeit: etwa 10 Minuten
Garzeit: etwa 20 Minuten

ZUTATEN

600 g tiefgekühlter Spinat
50 g Butter
100 g Semmelbrösel
Salz
30 g Rosinen
50 g Mandelstifte
2 EL Olivenöl
frisch geriebene Muskatnuss
4 Scheiben Tofu (à ca. 150 g)
schwarzer Pfeffer aus der Mühle
3 EL Sojasauce

Den Spinat auftauen lassen. Den Backofen auf 200 °C (Ober-/ Unterhitze) vorheizen. Die Butter schmelzen, die Semmelbrösel und 1 Prise Salz unterrühren.

Die Rosinen und die Mandelstifte in dem erhitzten Öl anbraten, den Spinat zugeben, anschwitzen und mit Salz und Muskatnuss würzen.

Die Tofuscheiben in eine Auflaufform legen, mit Salz und Pfeffer würzen und mit der Sojasauce beträufeln. Den Spinat auf dem Tofu verteilen, mit den Butterbröseln bestreuen, im Backofen etwa 15 Minuten überbacken und servieren.

DIE MINIMAX-ZUTATEN

Spinat
Semmelbrösel
Rosinen
Mandelstifte
Tofu

ASIA-BURGER MIT PAK CHOI

FÜR 4 PERSONEN

Zubereitungszeit: etwa 30 Minuten
Garzeit: etwa 10 Minuten

ZUTATEN

350 g tiefgekühlte Asia-Gemüse-
        mischung
4 EL Olivenöl
3 Eier
1 EL Weißweinessig
1 TL mittelscharfer Senf
100 ml Rapsöl
2 EL Sojasauce
Salz
weißer Pfeffer aus der Mühle
Chili aus der Mühle
150 g Semmelbrösel
        + Semmelbrösel zum Wenden
2 Pak Choi
4 Burgerbrötchen

Für die Burger das Gemüse in 1 EL erhitztem Olivenöl anschwitzen, 5 Minuten garen und etwa 5 Minuten abkühlen lassen.

Für die Mayonnaise ein Ei trennen, das Eigelb mit dem Essig
und dem Senf in eine Schüssel geben und verrühren. Die Hälfte
des Rapsöls tröpfchenweise zugeben und unterschlagen. Das
übrige Rapsöl in einem dünnen Strahl zugeben und unterschlagen, bis eine weiße, dickcremige Mayonnaise entstanden ist. Die
Mayonnaise mit der Sojasauce, Salz, Pfeffer und Chili würzen.

Die Eier, das Eiweiß und die 150 g Semmelbrösel zum Gemüse
geben, mehrmals kurz pürieren, sodass das Gemüse grob zer-
kleinert wird, und mit Salz und Pfeffer würzen. Aus der Gemüse-
masse 4 Bällchen formen, in den übrigen Semmelbröseln
wenden und in 2 EL erhitztem Olivenöl von beiden Seiten goldbraun braten.

Den Pak Choi waschen, längs halbieren, in dem restlichen erhitzten Olivenöl anbraten und mit Salz und Pfeffer würzen. Die
Brötchen halbieren, im Toaster 2–3 Minuten aufbacken, die
unteren Hälften mit Pak Choi belegen und jeweils einen Gemüse-
burger auflegen. Burger mit der Mayonnaise bestreichen, mit
der oberen Brötchenhälfte abdecken und servieren.

DIE MINIMAX-ZUTATEN

Asia-Gemüsemischung
Eier
Semmelbrösel
Pak Choi
Burgerbrötchen

GEGRILLTER KÜRBIS AUF SPINATCREME MIT WALNÜSSEN

FÜR 4 PERSONEN

Zubereitungszeit: etwa 15 Minuten
Garzeit: etwa 10 Minuten

ZUTATEN

1 Hokkaido-Kürbis
3–4 EL Olivenöl
Salz
schwarzer Pfeffer aus der Mühle
50 g Walnusskerne
2 EL Honig
150 g junger Baby-Blattspinat
150 g Crème fraîche
Zucker
1 EL Weißweinessig

Den Kürbis gründlich waschen, halbieren, die Kerne entfernen, das Fruchtfleisch in 2 cm dicke Spalten schneiden, mit dem Öl beträufeln und in einer Grillpfanne von beiden Seiten 2–3 Minuten braten. Die Kürbisspalten wenden, sobald schöne Grillstreifen entstanden sind, und mit Salz und Pfeffer würzen.

Walnusskerne grob hacken und zum Anrösten mit in die Pfanne geben. Den Honig über die Kürbisspalten träufeln und damit glasieren.

Den Spinat waschen, putzen und einige kleine Spinatblätter beiseitelegen. Spinat und Crème fraîche fein pürieren und mit Salz, Pfeffer, einer Prise Zucker und Essig würzen.

Die Kürbisspalten mit der Spinatcreme anrichten. Frische Spinatblätter und Walnusskerne darüber verteilen, mit Pfeffer bestreuen und servieren.

DIE MINIMAX-ZUTATEN

Hokkaido-Kürbis
Walnusskerne
Spinat
Crème fraîche

GEBACKENE ROTE BETE AUF KARTOFFEL-ZWIEBEL-STAMPF

FÜR 4 PERSONEN

Zubereitungszeit: etwa 30 Minuten
Garzeit: etwa 30 Minuten

ZUTATEN

800 g mehligkochende Kartoffeln
250 ml Milch
Salz
600 g Rote Bete (Vakuum, vorgegart)
weißer Pfeffer aus der Mühle
1 EL flüssiger Honig
3 EL Olivenöl
250 g Ziegenfrischkäse
3 Zwiebeln
50 g Butter
frisch geriebene Muskatnuss

AUSSERDEM

Alufolie

Den Backofen auf 200 °C (Ober-/Unterhitze) vorheizen. Die Kartoffeln schälen, waschen, in dünne Scheiben hobeln, mit der Milch und ½ TL Salz aufkochen und etwa 30 Minuten mit angestelltem Deckel kochen.

Die Rote Bete in 1 cm dicke Scheiben schneiden, leicht überlappend in eine Auflaufform schichten, mit Salz und Pfeffer würzen und mit dem Honig und dem Öl beträufeln.

Den Ziegenfrischkäse in kleine Stücke zupfen, auf dem Gemüse verteilen und im Backofen etwa 20 Minuten überbacken.

Die Zwiebeln abziehen, halbieren, in dünne Streifen schneiden, in erhitzter Butter anschwitzen, goldbraun braten und mit 2 Prisen Salz würzen.

Die Kartoffeln mit einem Kartoffelstampfer zerdrücken, die gerösteten Zwiebeln unterheben und mit Muskatnuss würzen. Den Kartoffelstampf mit der Roten Bete anrichten und servieren.

DIE MINIMAX-ZUTATEN

Kartoffeln
Rote Bete
Ziegenfrischkäse
Zwiebeln

SPARGELTORTILLA

FÜR 4 PERSONEN

Zubereitungszeit: etwa 30 Minuten
Garzeit: etwa 25–30 Minuten

ZUTATEN

400 g festkochende Kartoffeln
Salz
1 Bund weißer Spargel
3 EL Olivenöl
8 Eier (Gr. M)
weißer Pfeffer aus der Mühle
frisch geriebene Muskatnuss
150 g Pflücksalat
3 EL Weißweinessig
1 TL flüssiger Honig
1 TL mittelscharfer Senf

Die Kartoffeln schälen, waschen, in 0,5 cm dicke Scheiben schneiden, mit ½ TL Salz und 300 ml Wasser aufkochen und abgedeckt etwa 10 Minuten garen.

Den Spargel waschen, schälen, in schräge, 1 cm breite Stücke schneiden und in 1 EL erhitztem Öl in einer ausreichend großen Pfanne 2–3 Minuten anbraten. Die Kartoffeln abgießen, abtropfen lassen und zum Spargel in die Pfanne geben.

Die Eier aufschlagen, mit Salz, Pfeffer und Muskatnuss verquirlen, über die Pfannenmischung gießen und abgedeckt etwa 10 Minuten stocken lassen.

Den Salat waschen, putzen und trockenschütteln. Den Essig mit dem Honig, dem Senf, 1 Prise Salz und dem restlichen Öl in ein Schraubglas füllen, verschließen und kräftig schütteln.

Den Salat mit dem Dressing marinieren. Die Tortilla in Tortenstücke schneiden, mit dem Salat anrichten und servieren.

TIPP

Gelegentlich den Boden der Tortilla kontrollieren, dass er nicht zu dunkel wird. Sonst die Temperatur weiter zurückschalten und die Pfanne kurz vom Ofen ziehen.

DIE MINIMAX-ZUTATEN

Kartoffeln
Spargel
Eier
Pflücksalat

BOHNENTORTILLA

Zubereitungszeit: etwa 15 Minuten
Garzeit: etwa 15 Minuten

ZUTATEN

150 g grüne Bohnen
1 Zwiebel
2 EL Olivenöl
Salz
weißer Pfeffer aus der Mühle
1 kleine Dose Kidneybohnen
    (Abtropfgewicht 250 g)
1 kleine Dose weiße Bohnen
    (Abtropfgewicht 250 g)
8 Eier (Gr. M)
1 TL edelsüßes Paprikapulver
1 TL getrockneter Oregano

Die grünen Bohnen waschen, putzen und in 2 cm lange Stücke schneiden. Die Zwiebel abziehen und würfeln. Bohnen und Zwiebel in erhitztem Öl in einer ausreichend großen Pfanne etwa 5 Minuten anbraten und mit Salz und Pfeffer würzen.

Die Bohnenkerne in einem Sieb abgießen, abspülen, abtropfen lassen, mit in die Pfanne geben und unterrühren.

Die Eier aufschlagen, mit Salz, Pfeffer, Paprikapulver und Oregano verquirlen, über die Bohnenmischung gießen und abgedeckt etwa 10 Minuten stocken lassen. Die Tortilla in Tortenstücke schneiden und heiß servieren.

TIPP

Den Salat von der Spargeltortilla (S. 91) können Sie auch prima zur Bohnentortilla reichen.

DIE MINIMAX-ZUTATEN

grüne Bohnen
Zwiebel
Kidneybohnen (Dose)
weiße Bohnen (Dose)
Eier

BOHNEN-BÄLLCHEN MIT SCHARFER TOMATENSAUCE

FÜR 4 PERSONEN

Zubereitungszeit: etwa 20 Minuten
Garzeit: etwa 10 Minuten

ZUTATEN

800 g stückige Tomaten (Dose)
2 TL flüssiger Honig
Salz
schwarzer Pfeffer aus der Mühle
1 EL Olivenöl
400 g weiße Bohnen (Dose)
100 g Semmelbrösel
1 Ei
2 TL edelsüßes Paprikapulver
1 TL getrockneter Oregano
300 ml Rapsöl
1 Bund Koriander
Chili aus der Mühle

Die Tomaten mit dem Honig, ½ TL Salz, etwas Pfeffer und dem Olivenöl aufkochen und abgedeckt etwa 10 Minuten köcheln lassen.

Die Bohnen in einem Sieb abgießen, abspülen, abtropfen lassen, mit den Semmelbröseln und dem Ei mit einer Gabel zu Mus zerdrücken und mit 1 TL Salz, Paprikapulver, Oregano und 2–3 Prisen Pfeffer würzen.

Die Bohnenmasse mit einem Teelöffel abstechen, portionsweise in dem Rapsöl etwa 2 Minuten goldbraun braten, dabei einmal wenden. Die Bällchen mit der Schaumkelle herausheben und auf Küchenpapier abtropfen lassen.

Den Koriander waschen, trockentupfen und die Blätter klein zupfen. Die Tomatensauce mit Chili würzen, den Koriander unterheben und die Sauce zu den Bällchen servieren.

DIE MINIMAX-ZUTATEN

stückige Tomaten (Dose)
weiße Bohnen (Dose)
Semmelbrösel
Ei
Koriander

FORELLEN-SCHINKEN-PÄCKCHEN AUF SPITZKOHLGEMÜSE

FÜR 4 PERSONEN

Zubereitungszeit: etwa 20 Minuten
Garzeit: etwa 10 Minuten

ZUTATEN

4 Forellenfilets (küchenfertig,
　　ohne Haut, à ca. 160 g)
4 Scheiben Parmaschinken
1 unbehandelte Zitrone
1 Spitzkohl
2 EL Olivenöl
Salz
weißer Pfeffer aus der Mühle
1 EL Butter

Die Forellenfilets waschen, trockentupfen und jedes mit einer Scheibe Parmaschinken umwickeln. Die Zitrone gründlich abwaschen, trockentupfen, die Schale fein abreiben, die Zitrone halbieren und den Saft auspressen.

Den Spitzkohl halbieren, den Strunk herausschneiden, die äußeren Blätter entfernen und die Kohlhälften in feine Streifen schneiden. Die Spitzkohlstreifen unter Wenden etwa 2–3 Minuten in 1 EL erhitztem Öl anschwitzen und mit Salz, Pfeffer und Zitronenabrieb würzen.

Die Forellenfilets in dem übrigen erhitzten Öl von jeder Seite etwa 2 Minuten braten. Die Pfanne vom Herd nehmen, die Butter zugeben und schmelzen lassen. Die Forellenpäckchen 1–2-mal mit der Butter beträufeln und mit Pfeffer und wenig Salz würzen.

Das Spitzkohlgemüse mit den Fischpäckchen auf Tellern anrichten. Den Saft einer halben Zitrone zum Bratensatz in die Pfanne geben, kurz erhitzen, über das fertige Gericht träufeln und servieren.

DIE MINIMAX-ZUTATEN

Forellenfilets
Parmaschinken
Zitrone
Spitzkohl

FORELLE AUS DEM OFEN MIT ARTISCHOCKENSALSA

FÜR 4 PERSONEN

Zubereitungszeit: etwa 25 Minuten
Garzeit: etwa 30–35 Minuten

ZUTATEN

1 unbehandelte Zitrone
1 Zitrone
2 Bund glatte Petersilie
4 Forellen (küchenfertig,
    à ca. 300 g)
Salz
weißer Pfeffer aus der Mühle
1 Knoblauchzehe
2 Gläser eingelegte Artischocken
    (Abtropfgewicht 400 g)
50 ml Olivenöl

AUSSERDEM

kleine Holzspieße

Den Backofen auf 180 °C (Ober-/Unterhitze) vorheizen. Die unbehandelte Zitrone gründlich abwaschen, trockentupfen, in Scheiben schneiden und den Saft der zweiten Zitrone auspressen. Die Petersilie waschen, trockentupfen und die Blätter von den Stielen zupfen.

Die Forellen waschen, trockentupfen und von innen salzen und pfeffern. Die Zitronenscheiben und Petersilienstiele in den Bauchraum füllen, die Öffnungen mit kleinen Holzspießen fixieren und im Backofen 30–35 Minuten garen.

Den Knoblauch abziehen, die Artischocken abtropfen lassen, mit den Petersilienblättern, dem Zitronensaft und dem Öl fein stückig zerkleinern und mit Salz und Pfeffer würzen.

Die Forellen mit der Artischockensalsa auf Tellern anrichten und servieren.

DIE MINIMAX-ZUTATEN

Zitronen
Petersilie
Forellen
Knoblauch
eingelegte Artischocken

FORELLE IN KOKOSMILCH POCHIERT AUF ORANGEN-KÜRBIS-PÜREE

FÜR 4 PERSONEN

Zubereitungszeit: etwa 20 Minuten
Garzeit: etwa 25 Minuten

ZUTATEN

1 Butternusskürbis
1 unbehandelte Orange
1 Orange
2 EL Butter
1 Bund Koriander
250 ml Kokosmilch
½ TL Pfefferkörner
4 Forellenfilets oder Lachsforellenfilets
    (küchenfertig, mit Haut,
    à ca. 180 g)
1 TL flüssiger Honig
Salz
weißer Pfeffer aus der Mühle
frisch geriebene Muskatnuss

Den Kürbis halbieren, die Kerne entfernen, den Kürbis schälen und das Fruchtfleisch klein schneiden. Die unbehandelte Orange abwaschen, trockentupfen, die Schale mit dem Sparschäler dünn abschälen und beide Orangen halbieren und den Saft auspressen.

Die Kürbisstücke in 1 EL Butter anschwitzen, den Orangensaft und 250 ml Wasser angießen, aufkochen und abgedeckt 20 Minuten köcheln lassen. Den Koriander waschen, trockentupfen und die Blätter abzupfen.

Die Kokosmilch mit 250 ml Wasser, dem Koriander, den Pfefferkörnern und der Orangenschale einmal aufkochen lassen. Die Forellenfilets waschen, trockentupfen, in die heiße Kokosmilch legen und etwa 5 Minuten darin garziehen lassen.

Die übrige Butter und den Honig zum Kürbis geben, mit einer Gabel oder einem Kartoffelstampfer fein zerdrücken und das Püree mit Salz, Pfeffer und Muskatnuss würzen.

Die Forellenfilets mit dem Kürbispüree auf Tellern anrichten. Den Kokos-Sud durch ein Sieb passieren, mit Salz würzen, mit dem Pürierstab schaumig aufmixen, über den Fisch träufeln und servieren.

DIE MINIMAX-ZUTATEN

Butternusskürbis
Orange
Koriander
Kokosmilch
Forellenfilets oder Lachs-
forellenfilets

LACHSFORELLENFILET
AUF SÜSS-SAUREN RADIESCHEN

FÜR 4 PERSONEN

Zubereitungszeit: etwa 20 Minuten
Garzeit: etwa 10 Minuten

ZUTATEN

3–4 Bund Radieschen
3 EL Olivenöl
1 EL Honig
3 EL Weißweinessig
Salz
weißer Pfeffer aus der Mühle
4 Lachsforellenfilets (küchenfertig,
        mit Haut, à ca. 200 g
Saft von 1 Zitrone

Die Radieschen mit etwa 1 cm Grün abschneiden, gründlich waschen, putzen und halbieren. Die Radieschenhälften in 2 EL erhitztem Öl etwa 1 Minute anschwitzen. Den Honig und den Essig zugeben, die Radieschen etwa 2 Minuten in dem Sud garen und mit Salz und Pfeffer würzen.

Die Lachsforellenfilets waschen, trockentupfen, mit Salz und Pfeffer würzen und auf der Hautseite in dem restlichen erhitzten Öl etwa 2 Minuten goldbraun und knusprig anbraten. Die Filets wenden, mit dem Zitronensaft beträufeln und weitere 2 Minuten garziehen lassen.

Die Radieschen mit dem Sud und den Lachsforellenfilets auf Tellern anrichten und servieren.

DIE MINIMAX-ZUTATEN

Radieschen
Lachsforellenfilets
Zitrone

SAIBLINGSFILET AUF RAHMSAUERKRAUT

FÜR 4 PERSONEN

Zubereitungszeit: etwa 20 Minuten
Garzeit: etwa 20 Minuten

ZUTATEN

1 Zwiebel
100 g Katenschinken
1 EL Rapsöl
800 g Sauerkraut
    (Dose, Abtropfgewicht 770 g)
Salz
1 TL Zucker
1 TL edelsüßes Paprikapulver
1 TL getrockneter Oregano
100 g süße Sahne
4 Saiblingsfilets (küchenfertig,
    mit Haut, à ca. 200 g)
weißer Pfeffer aus der Mühle
1 EL Olivenöl
1 EL Butter

Die Zwiebel abziehen, mit dem Katenschinken würfeln und in dem erhitztem Rapsöl 1 Minute anschwitzen. Das Sauerkraut, ½ TL Salz, den Zucker, das Paprikapulver und den Oregano zugeben. Die Sahne angießen, aufkochen und abgedeckt etwa 15 Minuten garen.

Die Saiblingsfilets waschen, trockentupfen, mit Salz und Pfeffer würzen und mit der Hautseite nach unten in dem erhitzten Öl etwa 2 Minuten goldbraun und knusprig anbraten. Die Filets wenden, die Butter zugeben, schmelzen lassen und 1–2-mal mit der Butter übergießen.

Das Rahmsauerkraut mit Salz und Zucker nochmals abschmecken, mit den Saiblingsfilets auf Tellern anrichten und servieren.

DIE MINIMAX-ZUTATEN

Zwiebel
Katenschinken
Sauerkraut
Sahne
Saiblingsfilets

ZANDERSCHNITZEL AUF KOHLRABI-TOMATEN-RAHM

FÜR 4 PERSONEN

Zubereitungszeit: etwa 25 Minuten
Garzeit: etwa 15 Minuten

ZUTATEN

2 Kohlrabis (etwa 600 g)
250 g Kirschtomaten
1 EL Olivenöl
100 g süße Sahne
Salz
weißer Pfeffer aus der Mühle
4 Zanderfilets (küchenfertig,
    ohne Haut, à ca. 180 g)
100 g grobes Paniermehl
75 ml Rapsöl

Die Kohlrabis schälen, waschen und würfeln. Die Tomaten waschen und halbieren.

Die Kohlrabis in dem erhitzten Olivenöl anschwitzen, 50 ml Wasser und die Sahne angießen, abgedeckt in 5–8 Minuten bissfest kochen und mit Salz und Pfeffer würzen.

Die Zanderfilets waschen, trockentupfen, mit Salz und Pfeffer würzen, in dem Paniermehl wenden und von beiden Seiten gut andrücken.

Die Filets in dem erhitzten Rapsöl von jeder Seite etwa 2–3 Minuten knusprig und goldbraun braten und auf Küchenpapier abtropfen lassen.

Die Tomaten zu den Kohlrabis geben, vorsichtig vermischen, kurz mit erhitzen und mit Salz und Pfeffer würzen. Die Filets auf der Kohlrabi-Tomatenmischung anrichten und servieren.

TIPP

Grobes Paniermehl lässt sich leicht aus altbackenen Brötchen herstellen. Dazu die 1–2 Tage alten Brötchen im Zerkleinerer mehrmals kurz bis zur gewünschten Konsistenz häckseln.

DIE MINIMAX-ZUTATEN

Kohlrabi
Kirschtomaten
Sahne
Zanderfilets
Paniermehl

LACHS-MAULTASCHEN MIT RUCOLA UND LIMETTENBUTTER

FÜR 4 PERSONEN

Zubereitungszeit: etwa 30 Minuten
Garzeit: etwa 4 Minuten

ZUTATEN

1 unbehandelte Limette
600 g Lachsfilet (küchenfertig,
    ohne Haut)
Salz
weißer Pfeffer aus der Mühle
Chili aus der Mühle
Mehl für die Arbeitsfläche
1 Packung frischer Nudelteig
    (Kühlregal, etwa 500 g)
75 g Butter
1 TL flüssiger Honig
150 g Rucola

Die Limette waschen, trockentupfen, die Schale abreiben und den Saft auspressen. Das Lachsfilet waschen, trockentupfen, würfeln, in einem Mixer fein zerkleinern und mit Salz, Pfeffer, Chili und dem Limettenabrieb würzen.

Den Nudelteig auf der leicht bemehlten Arbeitsfläche entrollen und quer halbieren. Die Lachsmasse mit einem Teelöffel portionsweise im Abstand von 4 cm auf die beiden Nudelbahnen setzen, den Nudelteig dünn mit Wasser bestreichen und von unten und oben jeweils über die Lachsmasse legen.

Die Ränder vorsichtig andrücken, auch zwischen der Lachsfüllung, sodass keine Luft eingeschlossen ist. Die einzelnen Maultaschen durch Drücken mit dem Stiel eines Holzlöffels voneinander trennen und portionsweise in kochendem Salzwasser etwa 2 Minuten garen.

Die Butter schmelzen und, sobald sie aufschäumt, den Limettensaft und Honig zugeben. Die Maultaschen mit einer Schaumkelle aus dem Wasser heben, abtropfen lassen, in die heiße Butter geben und mit Salz und Pfeffer würzen. Den Rucola mit in die Pfanne geben, ganz kurz unterschwenken, auf Tellern anrichten und servieren.

DIE MINIMAX-ZUTATEN

Limette
Lachsfilet
frischer Nudelteig
Rucola

BLITZBURGER

FÜR 4 PERSONEN

Zubereitungszeit: etwa 20 Minuten
Garzeit: etwa 12 Minuten

ZUTATEN

100 g Rucola
2 Strauchtomaten
2 Avocados
2 EL Weißweinessig
Salz
weißer Pfeffer aus der Mühle
Chili aus der Mühle
4 Lachsfilets (küchenfertig,
    ohne Haut, à ca. 200 g)
2 EL Olivenöl
1 TL flüssiger Honig
3 EL Sojasauce
4 Burgerbrötchen

Den Rucola waschen, putzen und trockenschütteln. Die Tomaten waschen, den Blütenansatz entfernen und die Tomaten in Scheiben schneiden.

Die Avocados halbieren, die Steine und das Fruchtfleisch herauslösen. Das Fruchtfleisch mit dem Essig mithilfe einer Gabel stückig zerdrücken und mit Salz, Pfeffer und Chili würzen.

Die Lachsfilets waschen, trockentupfen, mit Salz und Pfeffer würzen und in dem erhitzten Öl von jeder Seite etwa 2 Minuten braten. Den Honig darüberträufeln, die Sojasauce angießen und kurz aufkochen. Die Lachsfilets in dem Sud wenden und etwa 5 Minuten ziehen lassen.

Die Burgerbrötchen halbieren und im oder auf dem Toaster kurz rösten. Die Brötchenhälften mit der Avocado-Creme bestreichen. Die unteren Brötchenhälften mit dem Rucola, 1–2 Tomatenscheiben und dem Lachs belegen. Obere Brötchenhälften auflegen und servieren.

DIE MINIMAX-ZUTATEN

Rucola
Strauchtomaten
Avocados
Lachsfilets
Burgerbrötchen

SPARGEL-PASTA MIT RÄUCHERLACHS

FÜR 4 PERSONEN

Zubereitungszeit: etwa 20 Minuten
Garzeit: etwa 15 Minuten

ZUTATEN

500 g Penne
Salz
1 unbehandelte Zitrone
1 Bund grüner Spargel
1 EL Olivenöl
200 g Räucherlachs
1 TL getrockneter Oregano
weißer Pfeffer aus der Mühle

Nudeln nach Packungsangabe in Salzwasser zubereiten und beim Abgießen eine Kelle Nudelwasser auffangen.

Die Zitrone gründlich abwaschen, trockentupfen und die Schale fein abreiben. Den Spargel waschen, im unteren Drittel schälen und in schräge, dünne Stücke schneiden. Die Spargelstücke in dem erhitzten Öl etwa 2 Minuten anbraten.

Den Lachs in Streifen schneiden, mit dem Oregano und dem Zitronenabrieb zu dem Spargel geben. Das aufgefangene Nudelwasser und Nudeln mit in die Pfanne geben, vorsichtig vermischen, mit Salz und Pfeffer würzen und servieren.

DIE MINIMAX-ZUTATEN

Penne
Zitrone
grüner Spargel
Räucherlachs

GEGRILLTER KABELJAU MIT KARTOFFEL-ZWIEBEL-GEMÜSE

FÜR 4 PERSONEN

Zubereitungszeit: etwa 30 Minuten
Garzeit: etwa 35 Minuten

ZUTATEN

300 g Gemüsezwiebeln
700 g mehligkochende Kartoffeln
1 EL Butter
150 g süße Sahne
4 Kabeljaufilets (küchenfertig,
    ohne Haut, à ca. 180 g)
Salz
weißer Pfeffer aus der Mühle
1 Bund Schnittlauch
2 EL Olivenöl
frisch geriebene Muskatnuss

Die Zwiebeln abziehen und würfeln. Die Kartoffeln schälen, waschen und in dünne Scheiben hobeln. Die Zwiebeln und die Kartoffeln in der erhitzten Butter anschwitzen, die Sahne angießen, abgedeckt etwa 30 Minuten garen.

Die Kabeljaufilets waschen, trockentupfen, mit Salz und Pfeffer würzen und in einer Grillpfanne in dem erhitzten Öl von jeder Seite etwa 2 Minuten braten. Sobald schöne Grillstreifen entstanden sind, die Filets wenden und weitere 2–3 Minuten braten.

Den Schnittlauch in feine Röllchen schneiden. Das Kartoffel-Zwiebel-Gemüse mit Salz, Pfeffer und Muskatnuss kräftig würzen, mit dem Kabeljau anrichten, mit Schnittlauch bestreuen und servieren.

DIE MINIMAX-ZUTATEN

Gemüsezwiebeln
Kartoffeln
Sahne
Kabeljaufilets
Schnittlauch

SESAM-KABELJAU AUF LINSENGEMÜSE

FÜR 4 PERSONEN

Zubereitungszeit: etwa 20 Minuten
Garzeit: etwa 20 Minuten

ZUTATEN

1 Bund Karotten
1 EL Butter
300 g rote Linsen
4 Kabeljaufilets (küchenfertig,
   ohne Haut, à ca. 180 g)
Salz
weißer Pfeffer aus der Mühle
2 EL Olivenöl
2 TL flüssiger Honig
3 EL Sojasauce
3 TL gerösteter Sesam

Die Karotten schälen, waschen, in dünne Scheiben schneiden und in der erhitzten Butter etwa 2 Minuten anschwitzen. Die Linsen zugeben, 350 ml Wasser angießen, aufkochen und abgedeckt 12–15 Minuten garen.

Die Kabeljaufilets waschen, trockentupfen, mit Salz und Pfeffer würzen und in dem erhitzten Öl von jeder Seite 1 Minute anbraten. Den Honig, die Sojasauce und den Sesam dazugeben und einmal aufkochen lassen. Die Honigmischung über den Fisch gießen, etwa 5 Minuten garziehen lassen und 1–2-mal mit dem Sud beträufeln.

Das Linsengemüse mit Salz und Pfeffer würzen, mit den Kabeljaufilets anrichten, mit dem Pfannensud beträufeln und servieren.

DIE MINIMAX-ZUTATEN

Karotten
rote Linsen
Kabeljaufilets
gerösteter Sesam

GRATINIERTER KABELJAU MIT FENCHELGEMÜSE

FÜR 4 PERSONEN

Zubereitungszeit: etwa 15 Minuten
Garzeit: etwa 20 Minuten

ZUTATEN

2–3 Fenchelknollen (etwa 600 g)
Salz
1 gestr. TL Zucker
50 g Pinienkerne
1 Bund Basilikum
30 g getrocknete, in Öl eingelegte
    Tomaten + 3 EL Tomatenöl
1 TL Honig
4 Kabeljaufilets (küchenfertig,
    ohne Haut, à ca. 200 g)
schwarzer Pfeffer aus der Mühle

Den Backofen auf 200 °C (Ober-/Unterhitze) vorheizen. Den Fenchel waschen, halbieren, den Strunk herausschneiden, die Fenchelhälften in dünne Spalten schneiden und in einer Auflaufform verteilen. Fenchelspalten mit 2–3 Prisen Salz und dem Zucker würzen und 5 Minuten ziehen lassen.

Die Pinienkerne in einer beschichteten Pfanne goldbraun rösten. Basilikum waschen, trockentupfen, die Blätter abzupfen, mit den Pinienkernen fein hacken und mit dem Tomatenöl und dem Honig verrühren.

Kabeljaufilets waschen, trockentupfen, mit Salz und Pfeffer würzen, auf den Fenchel legen und mit der Basilikum-Pinienkern-Mischung bestreichen. Die getrockneten Tomaten auf den Fenchel geben und im Ofen etwa 15 Minuten überbacken.

Kabeljau im ausgeschalteten Ofen etwa 5 Minuten ziehen lassen und servieren.

DIE MINIMAX-ZUTATEN

Fenchelknollen
Pinienkerne
Basilikum
getrocknete, in Öl eingelegte
Tomaten
Kabeljaufilets

FISCHFRIKADELLEN AUF BUNTEM TOMATENSALAT

FÜR 4 PERSONEN

Zubereitungszeit: etwa 20 Minuten
Garzeit: 15–20 Minuten

ZUTATEN

1 Bund Frühlingszwiebeln
800 g helles Fischfilet
        (küchenfertig, ohne Haut,
        z. B. Kabeljau, Seelachs, Zander)
Salz
weißer Pfeffer aus der Mühle
1 TL edelsüßes Paprikapulver
50 ml Milch
100 g Semmelbrösel
3 EL Rapsöl
700 g bunte Tomaten
        (etwa Urtomaten, falls zu
        bekommen)
3 EL Weißweinessig
1 TL Zucker
3 EL Olivenöl

Die Frühlingszwiebeln putzen, waschen, die hellen von den grünen Teilen abschneiden und beides separat in dünne Ringe schneiden.

Das Fischfilet waschen, trockentupfen, mit 1 TL Salz, ½ TL Pfeffer, Paprikapulver, Milch und den hellen Frühlingszwiebelringen fein zerkleinern. Aus der Fischmasse 8 Frikadellen formen, in den Semmelbröseln wenden und in dem erhitzten Rapsöl von jeder Seite etwa 3 Minuten braten.

Die Tomaten waschen, halbieren, den Blütenansatz herausschneiden und die Tomaten in Scheiben schneiden. Den Essig mit dem Zucker, dem Öl und 2 Prisen Salz in ein Schraubglas geben und kräftig schütteln. Das Dressing mit den grünen Zwiebelringen und den Tomaten vermischen. Die Frikadellen mit dem Tomatensalat anrichten und servieren.

DIE MINIMAX-ZUTATEN

Frühlingszwiebeln
Fischfilet
Semmelbrösel
bunte Tomaten

GARNELEN MIT OFENSPARGEL UND SCHNELLEN BRATKARTOFFELN

FÜR 4 PERSONEN

Zubereitungszeit: etwa 30 Minuten
Garzeit: etwa 35 Minuten

ZUTATEN

2 Bund weißer Spargel
Salz
Pfeffer aus der Mühle
2 TL Honig
6 EL Olivenöl
600 g neue, möglichst festkochende
    Kartoffeln
20 Riesengarnelen (küchenfertig,
    ohne Schale)
½ TL edelsüßes Paprikapulver
1 Beet Gartenkresse

Den Backofen auf 180 °C (Ober-/Unterhitze) vorheizen. Den Spargel waschen, schälen, in schräge, 2 cm dicke Stücke schneiden und in eine Auflaufform geben. Salz und Pfeffer mit dem Honig und 2 EL Olivenöl verrühren, den Spargel damit beträufeln und im Backofen etwa 15 Minuten garen.

Die Kartoffeln gründlich waschen, in Würfel schneiden und in dem restlichen erhitzten Öl etwa 10 Minuten langsam goldbraun und knusprig braten.

Die Garnelen waschen, trockentupfen, nach etwa 15 Minuten auf dem Spargel verteilen und weitere 10 Minuten garen.

Die Kartoffeln mit Salz, Pfeffer und Paprikapulver würzen, mit dem Spargel und den Garnelen anrichten und mit dem Spargelsud beträufeln. Die Kresse vom Beet schneiden, den Spargel damit bestreuen und servieren.

TIPP

Spargel schälen – an fast allen Verkaufsständen für Spargel gibt es den Schälservice. Das spart in der Küche nochmal 10 Minuten!

DIE MINIMAX-ZUTATEN

weißer Spargel
Kartoffeln
Riesengarnelen
Gartenkresse

GARNELEN IM PERGAMENT MIT REISNUDELN

FÜR 4 PERSONEN

Zubereitungszeit: etwa 30 Minuten
Garzeit: etwa 20 Minuten

ZUTATEN

2 Knoblauchzehen
20 Riesengarnelen (küchenfertig, ohne Schale)
4 EL Olivenöl
1 TL Honig
2 EL Sojasauce
Salz
300 g Reisnudeln
1 Bund krause Petersilie
50 g getrocknete, in Öl eingelegte Tomaten + 2 EL Tomatenöl
schwarzer Pfeffer aus der Mühle

AUSSERDEM

Pergamentpapier, Büroklammern oder Küchengarn

Den Backofen auf 160 °C (Ober-/Unterhitze) vorheizen. Den Knoblauch abziehen und in Scheiben schneiden. Garnelen waschen, trockentupfen, jeweils 5 Garnelen auf einem Stück Pergamentpapier verteilen und mit dem Knoblauch bestreuen.

Das Olivenöl mit dem Honig, der Sojasauce und ½ TL Salz verrühren und die Garnelen damit beträufeln. Das Pergamentpapier an den langen Seiten über den Garnelen zusammenfassen und 2 Mal falten. Die Seiten ebenfalls 2 Mal falten, mit einer Büroklammer oder Küchengarn verschließen, auf ein Backblech legen und im Ofen etwa 10 Minuten garen.

Reisnudeln nach Packungsangabe in kochendem Salzwasser zubereiten. Die Petersilie waschen, trockentupfen, die Blätter abzupfen und mit den Tomaten grob hacken.

Tomatenöl, die getrockneten Tomaten und die Petersilie in einer beschichteten Pfanne anschwitzen. Die Reisnudeln zufügen und mit Salz und Pfeffer würzen.

Die fertigen Garnelen mit dem Pergament auf Teller setzen, das Pergament öffnen (Vorsicht, es entweicht heißer Dampf!) und etwas von der Reisnudelmischung zu den Garnelen geben. Die restlichen Reisnudeln dazu servieren.

DIE MINIMAX-ZUTATEN

Knoblauch
Riesengarnelen
Reisnudeln
Petersilie
getrocknete, in Öl eingelegte Tomaten

GEFLÜGELRÖLLCHEN MIT APRIKOSE UND SÜSSKARTOFFEL

FÜR 4 PERSONEN

Zubereitungszeit: etwa 40 Minuten
Garzeit: etwa 30 Minuten

ZUTATEN

2–3 Süßkartoffeln (etwa 1 kg)
Salz
4 Hähnchenbrustfilets (à ca. 200 g)
50 g getrocknete Aprikosen
1 TL mittelscharfer Senf
1 TL getrockneter Oregano
schwarzer Pfeffer aus der Mühle
Chiliflocken
60 g Cashewkerne
3 EL Olivenöl
30 g weiche Butter
frisch geriebene Muskatnuss
1 Schale Gartenkresse

AUSSERDEM

Gefrierbeutel, Küchengarn

DIE MINIMAX-ZUTATEN

Süßkartoffeln
Hähnchenbrustfilets
getrocknete Aprikosen
Cashewkerne
Gartenkresse

Die Süßkartoffeln schälen, waschen, würfeln und in einem Topf in 2 cm Wasser und mit ½ TL Salz abgedeckt 15–20 Minuten weich kochen.

Die Hähnchenbrustfilets waschen, trockentupfen, längs flach halbieren, einzeln in einen Gefrierbeutel legen und mit einer schweren Pfanne flach klopfen. Aprikosen grob hacken, mit 100 ml Wasser, dem Senf und dem Oregano pürieren und mit Salz, Pfeffer und Chiliflocken würzen. Die Cashewkerne grob hacken.

Die acht Fleischscheiben mit der Aprikosenmischung bestreichen, die Hälfte der Cashewkerne darüberstreuen, aufrollen und die Röllchen mit Küchengarn fixieren.

Die Röllchen und die übrigen Cashewkerne in 2 EL erhitztem Öl goldbraun anbraten und abgedeckt 8–12 Minuten garen. Die Süßkartoffeln abgießen und den Sud auffangen.

Die Butter zu den Süßkartoffeln geben, grob zerdrücken, nach und nach etwas von dem Garsud dazugeben und mit Muskatnuss und Pfeffer würzen. Das Küchengarn von den Röllchen entfernen und die Röllchen halbieren. Kresse vom Beet schneiden.

Die Geflügelröllchen und den Süßkartoffelstampf auf Tellern anrichten, mit der Kresse bestreuen, mit dem restlichen Öl beträufeln und servieren.

FRUCHTIGES HÄHNCHEN-CURRY

Zubereitungszeit: etwa 20 Minuten
Garzeit: etwa 10 Minuten

ZUTATEN

200 g Mie-Nudeln
3 Hähnchenbrustfilets (à ca. 200 g)
1 Mango
250 g Zuckerschoten
2 EL Olivenöl
2 TL Honig
2 EL Currypulver
3 EL Sojasauce
Salz
weißer Pfeffer aus der Mühle
Chili aus der Mühle

Die Mie-Nudeln mit kochendem Wasser übergießen und nach Packungsangabe ziehen lassen. Die Hähnchenbrustfilets waschen, trockentupfen und würfeln.

Die Mango schälen, das Fruchtfleisch in Spalten vom Stein und in Würfel schneiden. Die Zuckerschoten waschen und einmal schräg halbieren.

Die Hähnchenbrustfilets in dem erhitzten Öl etwa 2 Minuten kross anbraten. Die Zuckerschoten, den Honig und das Currypulver zugeben und 1–2 Minuten anschwitzen.

Die Sojasauce und 100 ml Wasser angießen und aufkochen. Die Mie-Nudeln abgießen, dazugeben und das Curry mit Salz, Pfeffer und Chili würzen.

Die Mango in das Curry geben, vorsichtig unterheben und servieren.

DIE MINIMAX-ZUTATEN

Mie-Nudeln
Hähnchenbrustfilets
Mango
Zuckerschoten
Currypulver

HÄHNCHENKROKETTEN AUF GEMÜSE-GLASNUDELN

FÜR 4 PERSONEN

Zubereitungszeit: etwa 25 Minuten
Garzeit: etwa 15 Minuten
Gefrierzeit: etwa 10 Minuten

ZUTATEN

3 Hähnchenbrustfilets (à ca. 200 g)
200 g Glasnudeln
1 EL Currypulver
50 ml Milch
Salz
weißer Pfeffer aus der Mühle
350 g tiefgekühlte Asia-Gemüse-
    mischung
2 EL Olivenöl
3 EL Sojasauce
150 g Pankobrösel (ersatzweise
    Semmelbrösel)
3 EL Rapsöl

AUSSERDEM

Gefrierbeutel

Die Hähnchenbrustfilets waschen, trockentupfen und klein würfeln. Die Hähnchenbrustwürfel flach in einen Gefrierbeutel geben und für 10 Minuten ins Gefrierfach legen.

Die Glasnudeln mit kochendem Wasser übergießen und nach Packungsangabe ziehen lassen.

Die Hähnchenbrustfilets mit dem Currypulver, der Milch, Salz und Pfeffer zu einer glatten Masse pürieren.

Das Gemüse in dem erhitzten Olivenöl 3–4 Minuten anbraten. Die Glasnudeln abgießen, mit einer Schere zerschneiden, zum Gemüse in die Pfanne geben und mit Sojasauce, Salz und Pfeffer würzen.

Aus der Hähnchenmasse mithilfe von zwei Esslöffeln Nocken abstechen, in den Pankobröseln wenden und in dem erhitzten Rapsöl goldbraun und knusprig braten.

Die Kroketten auf Küchenpapier abtropfen lassen, mit Salz würzen, mit der Glasnudel-Gemüsemischung auf Tellern anrichten und servieren.

DIE MINIMAX-ZUTATEN

Hähnchenbrustfilets
Glasnudeln
Currypulver
Asia-Gemüsemischung
Pankobrösel

SALTIMBOCCA-HACKRÖLLCHEN AUF SPINATREIS

FÜR 4 PERSONEN

Zubereitungszeit: etwa 20 Minuten
Garzeit: 20–25 Minuten

ZUTATEN

300 g Basmatireis
Salz
750 g Rinderhackfleisch
schwarzer Pfeffer aus der Mühle
1 TL edelsüßes Paprikapulver
8 Salbeiblätter
8 Scheiben Parmaschinken
1 EL Olivenöl
250 g frischer Baby-Blattspinat
1 EL Butter
frisch geriebene Muskatnuss

Den Reis mit 450 ml Wasser und ½ TL Salz aufkochen und abgedeckt 15–18 Minuten (nach Packungsangabe) ausquellen lassen.

Das Hackfleisch mit 1 TL Salz, ½ TL Pfeffer und dem Paprikapulver vermengen, in acht Portionen teilen und mit feuchten Händen zu Röllchen formen. Jeweils ein Salbeiblatt um jedes Röllchen legen und mit einer Scheibe Parmaschinken umwickeln. Die Röllchen in dem erhitzten Öl von allen Seiten 5–8 Minuten braten.

Den Spinat waschen, putzen, in die erhitzte Butter geben, einige Sekunden zusammenfallen lassen und mit Salz, Pfeffer und Muskatnuss würzen. Den Reis zufügen und kurz mit erhitzen.

Den Spinatreis mit den Saltimbocca-Röllchen auf Tellern anrichten und servieren.

DIE MINIMAX-ZUTATEN

Basmatireis
Rinderhackfleisch
Salbeiblätter
Parmaschinken
Spinat

PUTENSCHNITZEL AUF KORIANDER-KAROTTEN

FÜR 4 PERSONEN

Zubereitungszeit: etwa 25 Minuten
Garzeit: 15–20 Minuten

ZUTATEN

2 Bund Karotten
2 TL Korianderkörner
1 EL Butter
4 Putenschnitzel (à ca. 200 g)
Salz
schwarzer Pfeffer aus der Mühle
100 g Polentagrieß
100 ml Rapsöl
1 TL Honig

Die Karotten schälen, waschen und der Länge nach in dünne Scheiben schneiden. Den Koriander in einem Mörser zerstoßen, mit den Karotten in der erhitzten Butter 2–3 Minuten anschwitzen, 100 ml Wasser angießen und abgedeckt etwa 10 Minuten garen.

Die Putenschnitzel waschen, trockentupfen, mit Salz und Pfeffer würzen und in dem Polentagrieß von beiden Seiten wenden. Die Schnitzel in dem erhitzten Öl von beiden Seiten jeweils 2–3 Minuten goldbraun und knusprig braten.

Die Karotten mit dem Honig und Salz würzen, mit den Schnitzeln auf Tellern anrichten und servieren.

TIPP

Besitzen Sie keinen Mörser? Dann geben Sie den Koriander in einen Gefrierbeutel, verschließen diesen und zerdrücken die Samen mit einem Topf oder einer Pfanne.

Polenta wird fein, mittel und grob gemahlen angeboten. Kaufen Sie mittlere Polenta, sie ist universal in allen meinen Rezepten einsetzbar.

DIE MINIMAX-ZUTATEN

Karotten
Korianderkörner
Putenschnitzel
Polentagrieß

PUTEN-AUBERGINEN-SCHASCHLIK MIT TOMATENSUGO

FÜR 4 PERSONEN

Zubereitungszeit: etwa 20 Minuten
Garzeit: etwa 20 Minuten

ZUTATEN

2 rote Zwiebeln
3 EL Olivenöl
800 g stückige Tomaten (Dose)
600 g Putenfilet
2 Auberginen
Salz
weißer Pfeffer aus der Mühle
1 Bund Basilikum
1 El Weißweinessig
2 TL flüssiger Honig

AUSSERDEM

8 lange Holzspieße

Die Zwiebeln abziehen, eine Zwiebel würfeln und die andere Zwiebel in Spalten schneiden. Die Zwiebelwürfel in 1 EL erhitztem Öl anschwitzen, die Tomaten zufügen, aufkochen und abgedeckt etwa 10 Minuten köcheln lassen.

Das Putenfilet waschen, trockentupfen und in 1 cm dicke Scheiben schneiden. Die Auberginen waschen, längs halbieren und ebenfalls in 1 cm dicke Scheiben schneiden. Das Putenfilet, die Auberginen und die Zwiebelspalten auf Holzspieße stecken und mit Salz und Pfeffer würzen.

Die Spieße in dem restlichen erhitzten Öl etwa 3 Minute von jeder Seite anbraten und weitere 10 Minuten unter gelegentlichem Wenden garen.

Das Basilikum waschen, trockentupfen, die Blätter abzupfen und grob hacken. Die Tomatensauce mit Basilikum, Essig, Honig, Salz und Pfeffer würzen, mit den Spießen auf Tellern anrichten und servieren.

DIE MINIMAX-ZUTATEN

rote Zwiebeln
stückige Tomaten (Dose)
Putenfilet
Auberginen
Basilikum

PUTEN-PICCATA AUF KNOBLAUCH-SPAGHETTINI

FÜR 4 PERSONEN

Zubereitungszeit: etwa 25 Minuten
Garzeit: etwa 15 Minuten

ZUTATEN

2 Knoblauchzehen
3 EL Olivenöl
100 g Parmesan
3 Eier
600 g Putenschnitzel
Salz
weißer Pfeffer aus der Mühle
500 g Spaghettini
100 g Weizenmehl Type 405
100 g Rapsöl
Chili aus der Mühle

Den Knoblauch abziehen, in Scheiben schneiden und in dem erhitzten Olivenöl 1–2 Minuten anschwitzen. Den Parmesan fein reiben, mit den Eiern in eine flache Schale geben und verquirlen.

Die Putenschnitzel waschen, trockentupfen, je nach Größe halbieren, sodass acht gleich große Fleischstücke entstehen, und mit Salz und Pfeffer würzen. Die Spaghettini nach Packungsangabe »al-dente« zubereiten.

Die Putenschnitzel im Mehl wenden, mit einer Gabel durch das Parmesan-Ei ziehen und im erhitzten Rapsöl goldbraun braten.

Das Knoblauchöl wieder erhitzen, mit den Spaghettini vermischen und mit Salz, Pfeffer und Chili würzen. Schnitzel mit den Spaghettini auf Tellern anrichten und servieren.

DIE MINIMAX-ZUTATEN

Knoblauchzehen
Parmesan
Eier
Putenschnitzel
Spaghettini

INDISCHES PUTENCURRY

FÜR 4 PERSONEN

Zubereitungszeit: etwa 15 Minuten
Garzeit: etwa 10 Minuten

ZUTATEN

1 kg Strauchtomaten
750 g Puten- oder Hähnchenbrust
2 EL Olivenöl
2 EL Tandooripaste
100 g geröstete Erdnusskerne,
    ungesalzen
50 g Rosinen
Salz
weißer Pfeffer aus der Mühle

Die Strauchtomaten waschen, halbieren, den Blütenansatz herausschneiden und die Tomaten grob würfeln. Die Putenbrust waschen, trockentupfen und in 2 cm große Würfel schneiden.

Das Öl in einer Pfanne erhitzen. Die Tandooripaste und die Erdnüsse etwa 1 Minute darin anbraten. Das Fleisch dazugeben und 3—4 Minuten mit anbraten. Die Rosinen und die Tomaten zufügen, 1—2 Minuten mit erhitzen und mit Salz und Pfeffer würzen.

Das Putencurry auf Tellern anrichten und servieren.

DIE MINIMAX-ZUTATEN

Strauchtomaten
Puten- oder Hähnchenbrust
Tandooripaste
geröstete Erdnusskerne
Rosinen

ENTENGESCHNETZELTES AUF SOBA-NUDELN

FÜR 4 PERSONEN

Zubereitungszeit: etwa 20 Minuten
Garzeit: etwa 15 Minuten

ZUTATEN

250 g Soba-Nudeln
  (japanische Buchweizen-Nudeln,
  ersatzweise Mie-Nudeln)
2 Entenbrustfilets,
  mit Haut (à ca. 400 g)
2 TL gerösteter Sesam
2 TL flüssiger Honig
4 EL Sojasauce
Salz
schwarzer Pfeffer aus der Mühle
350 g tiefgekühlte Asia-Gemüsemischung

Den Backofen auf 60 °C (Ober-/Unterhitze) vorheizen. Die Nudeln nach Packungsangabe in Salzwasser »al dente« zubereiten.

Die Entenbrustfilets waschen, trockentupfen, die Haut abschneiden und mit dem Fleisch in dünne Streifen schneiden. Die Haut der Entenbrust in einer beschichteten Pfanne kross braten.

Die Fleischstreifen in 1 EL erhitztem Entenfett 2–3 Minuten kräftig anbraten. Den Sesam, den Honig und die Sojasauce zugeben, mit Salz und Pfeffer würzen und warm stellen.

Das Gemüse in 1 EL erhitztem Entenfett unter stetigem Wenden 3–4 Minuten garen. Die Nudeln zu dem Gemüse geben und mit Salz und Pfeffer würzen.

Die kross gebratene Entenhaut in einem Sieb abtropfen lassen, auf Küchenpapier legen und mit etwas Salz würzen.

Die Nudel-Gemüsemischung auf Tellern anrichten, das Fleisch drauflegen, mit der knusprigen Entenhaut bestreuen und servieren.

TIPP
Statt der Soba-Nudeln können Sie auch Mie-Nudeln verwenden.

DIE MINIMAX-ZUTATEN

Soba-Nudeln
Entenbrustfilets
gerösteter Sesam
Asia-Gemüsemischung

ENTEN-SPIESSE
AUF PAK CHOI

FÜR 4 PERSONEN

Zubereitungszeit: etwa 25 Minuten
Garzeit: etwa 15 Minuten

ZUTATEN

2 TL Honig
4 EL Sojasauce
2 EL Rapsöl
Salz
schwarzer Pfeffer aus der Mühle
700 g Entenbrustfilets (ohne Haut)
1 Ananas
3 rote Zwiebeln
4–5 Pak Choi (etwa 600 g)
1 EL Butter

AUSSERDEM

8 lange Holzspieße

Den Backofen auf 60 °C (Ober-/Unterhitze) vorheizen. Den Honig mit der Sojasauce und 1 EL Öl verrühren und mit Salz und Pfeffer würzen. Die Entenbrustfilets waschen, trockentupfen, in 1 cm dicke Scheiben schneiden und die größten Scheiben halbieren.

Die Ananas schälen, längs vierteln, den Strunk herausschneiden und die Viertel in 1 cm dicke Scheiben schneiden. Die Zwiebeln abziehen und in Spalten schneiden. Die Entenbrustfilets mit den Zwiebeln und der Ananas abwechselnd auf die Holzspieße stecken und mit der Marinade bestreichen. Die Spieße in dem restlichen erhitzten Öl von allen Seiten etwa 5 Minuten anbraten, in eine ofenfeste Schale legen und im Backofen warm stellen.

Den Pak Choi waschen, putzen, längs halbieren und in der erhitzten Butter 1–2 Minuten anschwitzen. 50 ml Wasser angießen, aufkochen lassen und mit Salz und Pfeffer würzen.

Die Spieße mit dem Pak Choi auf Tellern anrichten und servieren.

DIE MINIMAX-ZUTATEN

Entenbrustfilets
Ananas
rote Zwiebeln
Pak Choi

ENTEN-SPARGEL-PFANNE SÜSS-SAUER

FÜR 4 PERSONEN

Zubereitungszeit: etwa 20 Minuten
Garzeit: etwa 12 Minuten

ZUTATEN

2 Bund grüner Spargel
700 g Entenbrustfilets (ohne Haut)
25 g Ingwer
2 EL Olivenöl
2 TL flüssiger Honig
3 EL Sojasauce
2 EL Weißweinessig
Salz
schwarzer Pfeffer aus der Mühle
1 EL Sesam
Chili aus der Mühle

Den Spargel waschen, putzen, im unteren Drittel schälen und schräg in 3 cm lange Stücke schneiden. Die Entenbrustfilets waschen, trockentupfen und in Streifen schneiden.

Den Ingwer schälen und in dünne Scheiben schneiden. Den Ingwer mit der Entenbrust in 1 EL erhitztem Olivenöl in einer Pfanne 1–2 Minuten kräftig anbraten und herausnehmen.

Das restliche Öl und den Spargel in die Pfanne geben und unter Wenden 3–4 Minuten anbraten. Den Honig, die Sojasauce und den Essig zugeben, mit Salz und Pfeffer würzen und einmal aufkochen lassen.

Den Sesam einstreuen, das Fleisch samt Fleischsaft mit in die Pfanne geben, kurz erhitzen, auf Tellern anrichten und servieren.

DIE MINIMAX-ZUTATEN

grüner Spargel
Entenbrustfilets
Ingwer
Sesam

GNOCCHI-RINDERFILET-PFANNE

FÜR 4 PERSONEN

Zubereitungszeit: etwa 15 Minuten
Garzeit: etwa 15 Minuten

ZUTATEN

100 g Rucola
300 g Kirschtomaten
600 g Rinderfilet
3 ½ EL Olivenöl
600 g Gnocchi (Frischeregal)
Salz
schwarzer Pfeffer aus der Mühle

Den Rucola waschen, putzen und trockenschütteln. Die Kirschtomaten waschen. Das Rinderfilet trockentupfen, in Streifen schneiden, in 1 EL erhitztem Öl in einer Pfanne etwa 2 Minuten kräftig anbraten und herausnehmen.

Die Gnocchi in 2 EL erhitztem Öl 5–6 Minuten goldbraun braten. Die Kirschtomaten zugeben und etwa 1 Minute miterhitzen.

Das Fleisch wieder zugeben und mit Salz und Pfeffer würzen. Den Rucola in einer Schüssel mit 2 Prisen Salz und dem restlichen Öl mischen, kurz vor dem Servieren über der Gnocchi-Rinderfilet-Pfanne verteilen und servieren.

DIE MINIMAX-ZUTATEN

Rucola
Kirschtomaten
Rinderfilet
Gnocchi

RINDERSTEAK MIT PAK CHOI UND ERDNUSSSAUCE

FÜR 4 PERSONEN

Zubereitungszeit: etwa 15 Minuten
Garzeit: etwa 15 Minuten

ZUTATEN

4 Pak Choi (etwa 600 g)
4 Rindersteaks (à ca. 250 g)
3 EL Olivenöl
Salz
schwarzer Pfeffer aus der Mühle
400 ml Gemüsebrühe
100 g Erdnussbutter
1 TL Zucker
2 EL Sojasauce

Den Backofen auf 100 °C (Ober-/Unterhitze) vorheizen. Den Pak Choi waschen, putzen und längs halbieren. Die Rindersteaks trockentupfen, mit 1 EL Öl bestreichen und in einer Grillpfanne etwa 1 Minute kräftig anbraten. Die Steaks wenden, von der zweiten Seite ebenfalls 1 Minute anbraten, mit Salz und Pfeffer würzen, aus der Pfanne nehmen und etwa 10 Minuten im Backofen ziehen lassen.

Pak Choi in dem restlichen erhitzten Öl 1–2 Minuten anbraten, mit Salz und Pfeffer würzen, in eine ofenfeste Schale geben und ebenfalls im Backofen warm stellen.

Die Brühe in die Pfanne geben, aufkochen und den Bratensatz lösen. Die Erdnussbutter, den Zucker und die Sojasauce unterrühren, aufkochen und mit Salz und Pfeffer würzen.

Die Steaks auf dem Pak Choi auf Tellern anrichten und mit der Erdnusssauce servieren.

DIE MINIMAX-ZUTATEN

Pak Choi
Rindersteaks
Gemüsebrühe
Erdnussbutter

CHORIZO-STEAK AUF GERÖSTETEM BLUMENKOHL

FÜR 4 PERSONEN

Zubereitungszeit: etwa 15 Minuten
Garzeit: etwa 40 Minuten

ZUTATEN

1 Blumenkohl
3 EL Sojasauce
2 EL Honig
1 TL mittelscharfer Senf
Salz
schwarzer Pfeffer aus der Mühle
1 Bund Petersilie
4 Rindersteaks (à ca. 250 g)
12 dünne Scheiben Chorizo
2 EL Olivenöl
1 EL Butter

AUSSERDEM

Backpapier, Küchengarn

Den Backofen auf 160 °C (Ober-/Unterhitze) vorheizen. Den Blumenkohl putzen, waschen, in 1 cm dicke Scheiben schneiden und auf einem mit Backpapier ausgelegten Backblech verteilen. Die Sojasauce, den Honig und den Senf mit 2–3 EL Wasser verrühren, mit Salz und Pfeffer würzen, über dem Blumenkohl verteilen und im Backofen etwa 30 Minuten garen.

Petersilie waschen, trockentupfen, die Blätter abzupfen und fein hacken. Die Rindersteaks trockentupfen, mit je drei Scheiben Chorizo belegen und mit Küchengarn festbinden. Das Fleisch mit dem Öl einreiben, in einer Pfanne von jeder Seite 2 Minuten scharf anbraten und mit Salz und Pfeffer würzen. Die Butter und die Petersilie zugeben und die Steaks von jeder Seite 2 Minuten ziehen lassen.

Das Küchengarn entfernen, die Steaks mit dem Blumenkohl und dem Soja-Honig-Sud auf Tellern anrichten, mit Pfeffer bestreuen und servieren.

DIE MINIMAX-ZUTATEN

Blumenkohl
Petersilie
Rindersteaks
Chorizo

GEGRILLTE RINDERHÜFTE MIT AUBERGINEN-RATATOUILLE

FÜR 4 PERSONEN

Zubereitungszeit: etwa 20 Minuten
Garzeit: etwa 15 Minuten

ZUTATEN

3 Auberginen
Salz
1 Gemüsezwiebel
1 Bund Thymian
4 EL Olivenöl
400 g stückige Tomaten (Dose)
4 Rinderhüftsteaks (à ca. 200 g)
weißer Pfeffer aus der Mühle
1 EL Butter
2 TL Zucker
1 EL Weißweinessig

Die Auberginen waschen, trockentupfen, in 2 cm große Würfel schneiden und mit 1 TL Salz vermischen. Die Zwiebel abziehen und ebenso würfeln.

Den Thymian waschen, trockentupfen und die Blätter von dem Stielen streifen. Die Auberginen und die Zwiebeln in 3 EL erhitztem Öl etwa 5 Minuten anbraten. Die Tomaten zugeben, aufkochen und abgedeckt etwa 10 Minuten köcheln lassen.

Die Steaks trockentupfen, in dem restlichen erhitzten Öl 1 Minute kräftig anbraten, wenden, den Thymian zugeben und 1 weitere Minute braten. Das Fleisch mit Salz und Pfeffer würzen und die Butter zugeben. Sobald die Butter geschmolzen ist, das Fleisch mehrmals damit übergießen und etwa 2 Minuten von jeder Seite in der Thymianbutter ziehen lassen.

Das Ratatouille mit dem Zucker und dem Essig verfeinern, mit Salz und Pfeffer würzen und auf Tellern verteilen. Das Fleisch jeweils in drei Tranchen schneiden, auf dem Ratatouille anrichten, mit der Thymianbutter beträufeln und servieren.

DIE MINIMAX-ZUTATEN

Auberginen
Gemüsezwiebel
Thymian
stückige Tomaten (Dose)
Rinderhüftsteaks

RINDFLEISCHBÄLLCHEN IN KRÄUTERRAHM MIT BASMATIREIS

FÜR 4 PERSONEN

Zubereitungszeit: etwa 30 Minuten
Garzeit: etwa 25 Minuten

ZUTATEN

300 g Basmatireis
Salz
1 Zwiebel
800 g Rinderhackfleisch
1 TL Paprikapulver
schwarzer Pfeffer aus der Mühle
2 EL Olivenöl
75 g frische Kräuter
150 g süße Sahne
2 geh. TL Speisestärke

Den Reis mit 450 ml Wasser und ½ TL Salz aufkochen und abgedeckt 15–18 Minuten ausquellen lassen.

Die Zwiebel abziehen und würfeln. Das Hackfleisch mit der Zwiebel vermengen und mit dem Paprikapulver, Salz und Pfeffer würzen. Aus der Hackfleischmischung mit feuchten Händen Bällchen formen, in dem erhitzten Öl in einer Pfanne von allen Seiten 5–6 Minuten braten und herausnehmen.

Die Kräuter waschen, grob zupfen und mit 500 ml kaltem Wasser, der Sahne, der Speisestärke und ½ TL Salz pürieren. Die Kräutersahne in die heiße Pfanne gießen, unter Rühren aufkochen, 1–2 Minuten köcheln lassen und mit Salz und Pfeffer abschmecken.

Die Bällchen in die Sauce legen, 2–3 Minuten ziehen lassen, mit dem Basmatireis auf Tellern anrichten und servieren.

DIE MINIMAX-ZUTATEN

Basmatireis
Zwiebel
Rinderhackfleisch
frische Kräuter
Sahne

KALBSSCHNITZEL MIT KRÄUTERSAUCE

FÜR 4 PERSONEN

Zubereitungszeit: etwa 25 Minuten
Garzeit: etwa 20 Minuten

ZUTATEN

800 g kleine festkochende Kartoffeln
    (etwa Drillinge, am besten Bio)
Salz
1 Bund Frankfurter Kräuter
    (alternativ 150 g gemischte Kräuter)
2 Zitronen
500 g Schmand
1 TL Zucker
weißer Pfeffer aus der Mühle
4 Kalbsschnitzel (aus der Oberschale,
    à ca. 180 g)
2 EL Olivenöl
1 EL Butter

Die Kartoffeln gründlich waschen, mit Salzwasser aufkochen und 15–20 Minuten garen. Die Kräuter waschen, die groben Stiele entfernen und die Kräuter grob hacken.

Eine Zitrone gründlich abwaschen und in Scheiben schneiden und den Saft der zweiten Zitrone auspressen. Den Schmand mit den Kräutern, dem Zitronensaft, 1 TL Salz und dem Zucker fein pürieren, mit Salz und Pfeffer abschmecken und kalt stellen.

Die Kalbsschnitzel trockentupfen, einmal halbieren, mit Salz und Pfeffer würzen und in dem erhitzten Öl von jeder Seite 2–3 Minute kräftig anbraten. Die Butter und die Zitronenscheiben zugeben und kurz unterschwenken.

Die Schnitzel mit der Kräutersauce und Kartoffeln auf Tellern anrichten und servieren.

DIE MINIMAX-ZUTATEN

Kartoffeln
Frankfurter Kräuter
Zitronen
Schmand
Kalbsschnitzel

ROULADEN IN PETERSILIEN-KARTOFFEL-RAHM

FÜR 4 PERSONEN

Zubereitungszeit: etwa 30 Minuten
Garzeit: etwa 25 Minuten

ZUTATEN

800 g vorwiegend festkochende
    Kartoffeln
1 EL Butter
Salz
4 Schweinesteaks (à ca. 180 g,
    Schmetterlingssteak vom Metzger
    zuschneiden lassen)
2–3 EL Tomatenmark
2 TL getrockneter Oregano
1 TL edelsüßes Paprikapulver
weißer Pfeffer aus der Mühle
2 EL Olivenöl
100 g süße Sahne
1 Bund krause Petersilie
frisch geriebene Muskatnuss

AUSSERDEM

Frischhaltefolie, kleine Holzspieße

Den Backofen auf 160 °C (Ober-/Unterhitze) vorheizen. Die Kartoffeln schälen, waschen und in 2 cm große Würfel schneiden.

Die Kartoffeln in der erhitzten Butter anschwitzen. 500 ml Wasser angießen, 1 TL Salz zugeben, aufkochen lassen und abgedeckt etwa 10 Minuten garen.

Die Steaks trockentupfen, aufklappen, ein Stück Frischhaltefolie darauflegen, mit einer schweren Pfanne oder einem Topf plattieren und die Folie wieder abziehen.

Das Tomatenmark mit dem Oregano, dem Paprikapulver, ½ TL Salz und 2 Prisen Pfeffer vermischen, die Steaks damit bestreichen, aufrollen und mit den Holzspießen zustecken.

Die Rouladen in dem erhitzten Öl von allen Seiten etwa 5 Minuten kräftig anbraten, in eine ofenfeste Form legen und im Backofen weitere 15 Minuten garen.

Die Sahne zu den Kartoffeln geben und offen weitere 5 Minuten kochen lassen. Die Petersilie waschen, trockentupfen, die Blätter von den Stielen zupfen, fein hacken, zu den Kartoffeln geben und mit Pfeffer und Muskatnuss würzen.

Die Rouladen aus dem Ofen nehmen, die Holzspieße entfernen, die Rouladen halbieren, mit dem Petersilien-Kartoffeln-Rahm auf Tellern anrichten und servieren.

DIE MINIMAX-ZUTATEN

Kartoffeln
Schweinesteaks
Tomatenmark
Sahne
Petersilie

KRÄUTER-SCHWEINESTEAKS MIT BRATSEMMELKNÖDELN

FÜR 4 PERSONEN

Zubereitungszeit: etwa 30 Minuten
Garzeit: etwa 15 Minuten
Ruhezeit: etwa 10 Minuten

ZUTATEN

1 Zwiebel
2 ½ EL Butter
150 ml heiße Milch
Salz
frisch geriebene Muskatnuss
4 Brötchen vom Vortag
2 Eier
1 Bund gemischte Kräuter
    (etwa Schnittlauch, Petersilie,
    Kerbel, Thymian, Rosmarin)
4 Schweinerückensteaks
    (à ca. 180 g)
weißer Pfeffer aus der Mühle
1 EL Olivenöl

Den Backofen auf 80 °C (Ober-/Unterhitze) vorheizen. Die Zwiebel abziehen, würfeln, und in ½ EL erhitzter Butter etwa 2 Minuten anschwitzen. Die Milch angießen, aufkochen und mit Salz und Muskatnuss würzen.

Die Brötchen in etwa 1 x 1 cm große Würfel schneiden. Die Eier und die heiße Milch zu den Brötchenwürfeln geben, gut vermengen und abgedeckt etwa 10 Minuten ziehen lassen. Die Kräuter waschen, trockentupfen und hacken.

Die Steaks trockentupfen, mit Salz und Pfeffer würzen und in dem erhitzten Öl etwa 1 Minute von jeder Seite anbraten. 1 EL Butter und die gehackten Kräuter zugeben, die Steaks darin wenden und im Backofen garziehen lassen.

Aus der Semmelmasse mit einem Esslöffel Nocken abstechen, mit angefeuchteten Händen zu Bällchen formen, leicht flach drücken und in der restlichen erhitzten Butter von beiden Seiten goldbraun braten.

Die Steaks mit den Bratsemmelknödeln auf Tellern anrichten, mit der Kräuterbutter beträufeln und servieren.

DIE MINIMAX-ZUTATEN

Zwiebel
Brötchen vom Vortag
Eier
gemischte Kräuter
Schweinerückensteaks

SCHWEINEFILET AUF PILZ-BULGUR

FÜR 4 PERSONEN

Zubereitungszeit: etwa 20 Minuten
Garzeit: etwa 30 Minuten

ZUTATEN

250 g Bulgur
Salz
700 g Schweinefilet
3 EL Olivenöl
weißer Pfeffer aus der Mühle
500 g gemischte Pilze
    (etwa Champignons, Austern-
    seitlinge, Steinpilze, Pfifferlinge)
1 Bund Schnittlauch
250 g griechischer Joghurt
2 EL Weißweinessig
2 TL edelsüßes Paprikapulver

Den Backofen auf 100 °C (Ober-/Unterhitze) vorheizen.
Den Bulgur nach Packungsangabe in Salzwasser zubereiten.

Das Schweinefilet trockentupfen, in 1 EL erhitztem Öl von allen
Seiten 2–3 Minuten kräftig anbraten, herausnehmen, mit Salz
und Pfeffer würzen und im Backofen weitere 20 Minuten garen.

Die Pilze trocken abreiben, putzen, je nach Größe halbieren
oder vierteln, mit dem übrigen Öl in das verbliebene Bratfett
geben und 2–3 Minuten anbraten.

Den Bulgur in einem Sieb abtropfen lassen, zu den Pilzen geben,
kurz miterhitzen und mit Salz und Pfeffer würzen. Den Schnittlauch waschen, trockentupfen, in feine Röllchen schneiden und
über den Bulgur streuen.

Den Joghurt mit dem Essig verrühren und mit Salz, Pfeffer und
Paprikapulver würzen. Das Schweinefilet in Scheiben schneiden,
mit dem Bulgur auf Tellern anrichten und den Joghurt dazu
servieren.

DIE MINIMAX-ZUTATEN

Bulgur
Schweinefilet
gemischte Pilze
Schnittlauch
griechischer Joghurt

GEFÜLLTE MEDAILLONS AUF CREMIGER POLENTA

FÜR 4 PERSONEN

Zubereitungszeit: etwa 20 Minuten
Garzeit: etwa 20 Minuten

ZUTATEN

75 g Manchego
4 Schweinefiletmedaillons
    (à ca. 180 g, aus dem Mittelstück)
Salz
weißer Pfeffer aus der Mühle
1 EL Olivenöl
2 Zweige Rosmarin
750 ml Gemüsebrühe
90 g Instant-Polenta
2 EL Butter

AUSSERDEM

kleine Holzspieße

Den Backofen auf 80 °C (Ober-/Unterhitze) vorheizen. Den Manchego grob raspeln. Die Medaillons trockentupfen, in der Mitte flach aufschneiden, aber nicht durchschneiden, das Fleisch wie einen Schmetterling aufklappen, mit dem Handballen etwas flach drücken und mit dem Manchego bestreuen.

Die Medaillons wieder zuklappen, andrücken, mit den Holzspießen feststecken und mit Salz und Pfeffer würzen. Gefüllte Medaillons in dem erhitzten Öl von jeder Seite 1 Minute kräftig anbraten und im Backofen weitere 12 Minuten garziehen lassen.

Den Rosmarin waschen, trockentupfen, die Nadeln abstreifen, fein hacken und mit der Brühe aufkochen. Die Polenta einstreuen, unter Rühren aufkochen und unter gelegentlichem Rühren etwa 5 Minuten ausquellen lassen. Die Butter unterrühren und die Polenta mit Salz und Pfeffer würzen.

Die Holzspieße vom Fleisch entfernen, die Medaillons mit der Polenta anrichten und servieren.

DIE MINIMAX-ZUTATEN

Manchego
Schweinefiletmedaillons
Rosmarin
Gemüsebrühe
Instant-Polenta

SPARGEL-SCHNITZEL-RÖLLCHEN AUF AVOCADO-TOMATEN-SALAT

FÜR 4 PERSONEN

Zubereitungszeit: etwa 25 Minuten
Garzeit: etwa 15 Minuten

ZUTATEN

8 Stangen grüner Spargel
8 Schweinerückensteaks (à ca. 80 g)
Salz
weißer Pfeffer aus der Mühle
4 EL Olivenöl
8 Strauchtomaten
2 Avocados
3–4 EL Weißweinessig
1 TL Zucker
2 Beete Gartenkresse

AUSSERDEM

Frischhaltefolie, kleine Holzspieße

Den Backofen auf 100 °C (Ober-/Unterhitze) vorheizen. Den Spargel waschen, im unteren Drittel schälen und in drei gleich lange Stücke schneiden.

Die Steaks trockentupfen, mit Frischhaltefolie belegen und mit einem Topf oder einer Pfanne plattieren. Die Folie wieder abziehen, das Fleisch mit Salz und Pfeffer würzen, mit drei Spargelstücken belegen, aufrollen und mit den Holzspießen zustecken.

Die Röllchen in 2 EL erhitztem Öl von allen Seiten etwa 5 Minuten anbraten, in eine ofenfeste Schale legen und im Backofen weitere 10 Minuten garen.

Die Tomaten waschen, halbieren, den Blütenansatz herausschneiden und die Tomaten in Scheiben schneiden. Die Avocados halbieren, die Steine und das Fruchtfleisch herauslösen und das Fruchtfleisch in Scheiben schneiden.

Den Essig, den Zucker, das restliche Öl und 2–3 Prisen Salz in ein Schraubglas geben, verschließen, kräftig schütteln und mit den Tomaten und den Avocados vermischen. Kresse vom Beet schneiden.

Bei den Röllchen die Holzspieße entfernen, mit dem Salat auf Tellern anrichten, mit Kresse bestreuen und servieren.

DIE MINIMAX-ZUTATEN

grüner Spargel
Schweinerückensteaks
Strauchtomaten
Avocados
Gartenkresse

NÜRNBERGER SPIESSE AUF PAPRIKA-KRAUT

FÜR 4 PERSONEN

Zubereitungszeit: etwa 15 Minuten
Garzeit: etwa 20 Minuten

ZUTATEN

je 1 rote und gelbe Paprikaschote
3 EL Olivenöl
800 g Sauerkraut (Dose)
1 Bund Frühlingszwiebeln
16 Nürnberger Würstchen
1 TL Zucker
1 TL edelsüßes Paprikapulver
Salz
schwarzer Pfeffer aus der Mühle

AUSSERDEM

kleine Holzspieße

DIE MINIMAX-ZUTATEN

rote und gelbe Paprikaschoten
Sauerkraut
Frühlingszwiebeln
Nürnberger Würstchen

Die Paprikaschoten waschen, halbieren, entkernen, die Hälften in Streifen schneiden und in 1 EL erhitztem Öl anschwitzen. Das Kraut mit einer Gabel auflockern und dazugeben. 100 ml Wasser angießen und abgedeckt etwa 10 Minuten garen.

Die Frühlingszwiebeln putzen und waschen. Die weißen und hellgrünen Teile auf die Länge der Würstchen schneiden. Jeweils 4 Würstchen und 4 Frühlingszwiebeln auf einen Spieß stecken. Einen zweiten Spieß parallel einstechen, damit die Würstchen gut fixiert sind und in dem restlichen erhitzten Öl von jeder Seite 3–4 Minuten braun braten.

Das Paprikakraut mit dem Zucker, Paprikapulver und Salz würzen, mit den Spießen auf Tellern anrichten und servieren.

LAMMLACHS UND FENCHEL AUS DEM OFEN

FÜR 4 PERSONEN

Zubereitungszeit: etwa 25 Minuten
Garzeit: etwa 45 Minuten

ZUTATEN

2 Fenchelknollen (etwa 600 g)
500 g vorwiegend festkochende
    Kartoffeln
Salz
weißer Pfeffer aus der Mühle
3 EL Olivenöl
2–3 Lammlachse (etwa 700 g)
2 EL grobkörniger Senf
4 Zweige Rosmarin

Den Backofen auf 160 °C (Ober-/Unterhitze) vorheizen. Den Fenchel waschen, halbieren, den Strunk herausschneiden und die Hälften in 1 cm dicke Scheiben schneiden. Die Kartoffeln schälen, waschen und in 1 cm dicke Scheiben schneiden.

Fenchel und Kartoffeln in einer Auflaufform vermischen, mit Salz und Pfeffer würzen. 200 ml Wasser angießen, 2 EL Öl darüberträufeln und abgedeckt im Ofen etwa 30 Minuten garen.

Das Fleisch trockentupfen, mit Salz und Pfeffer würzen und mit dem grobkörnigen Senf einstreichen. Den Rosmarin waschen, die Stiele auf das Fleisch legen, andrücken und in dem restlichen erhitzten Öl von jeder Seite 1 Minute kräftig anbraten.

Das Gemüse aus dem Ofen nehmen. Die Backofentemperatur auf 80 °C (Ober-/Unterhitze) reduzieren. Das angebratene Fleisch auf das Gemüse legen und weitere 15 Minuten im Ofen weitergaren.

Die Lammlachse in Scheiben schneiden, mit dem Fenchel-Kartoffel-Gemüse auf Tellern anrichten, mit dem Sud beträufeln und servieren.

DIE MINIMAX-ZUTATEN

Fenchelknollen
Kartoffeln
Lammlachse
grobkörniger Senf
Rosmarin

LAMMLACHS AUF ZWEIERLEI BOHNENGEMÜSE

FÜR 4 PERSONEN

Zubereitungszeit: etwa 20 Minuten
Garzeit: etwa 20 Minuten

ZUTATEN

6 Zweige Thymian
        (im Bild nicht zu sehen)
400 g weiße Bohnen (Dose,
        Abtropfgewicht)
350 g grüne Bohnen
2–3 Lammlachse (etwa 700 g)
2 EL Olivenöl
Salz
weißer Pfeffer aus der Mühle
50 g getrocknete, in Öl eingelegte
        Tomaten + 1 EL Tomatenöl

Den Backofen auf 120 °C (Ober-/Unterhitze) vorheizen. Den Thymian waschen und trockentupfen. Die weißen Bohnen in einem Sieb abgießen und abtropfen lassen. Die grünen Bohnen waschen, putzen und halbieren.

Die Lammlachse trockentupfen, mit dem Thymian in 1 EL erhitztem Öl von allen Seiten 3–4 Minuten anbraten, mit Salz und Pfeffer würzen und im Backofen etwa 15 Minuten weiter garen.

Die grünen Bohnen in dem restlichen erhitzten Öl etwa 15 Minuten unter Wenden anbraten, evtl. etwas Wasser angießen. Die weißen Bohnen und die getrockneten Tomaten mit dem Tomatenöl dazugeben, weitere 2 Minuten garen und mit Salz und Pfeffer würzen.

Das Fleisch in Scheiben schneiden, mit dem Bohnengemüse auf Tellern anrichten, mit Pfeffer bestreuen und servieren.

DIE MINIMAX-ZUTATEN

Thymian
weiße Bohnen (Dose)
grüne Bohnen
Lammlachse
getrocknete, in Öl eingelegte
Tomaten

LAMMSCHNITZEL AUF GURKEN-RELISH

FÜR 4 PERSONEN

Zubereitungszeit: etwa 20 Minuten
Garzeit: etwa 8 Minuten

ZUTATEN

1 Salatgurke
3 Frühlingszwiebeln
3 EL Weißweinessig
1 EL Zucker
Salz
weißer Pfeffer aus der Mühle
Chili aus der Mühle
2–3 Lammlachse (etwa 700 g)
2 EL mittelscharfer Senf
100 g Instant-Polenta
75 ml Rapsöl

AUSSERDEM

Frischhaltefolie

Die Gurke waschen, längs halbieren, das Kerngehäuse mit einem Teelöffel auskratzen und die Gurkenhälften würfeln. Die Frühlingszwiebeln putzen, waschen und in feine Ringe schneiden.

50 ml Wasser mit dem Essig, dem Zucker, 1 TL Salz, 2 Prisen Pfeffer und 1 Prise Chili aufkochen, heiß über die Gurken gießen und durchziehen lassen.

Die Lammlachse trockentupfen, in acht Scheiben schneiden, jeweils mit einem Stück Frischhaltefolie belegen und mit einer schweren Pfanne oder einem Topf plattieren. Die Fleischstücke mit Salz und Pfeffer würzen, mit dem Senf bestreichen und in der Polenta wenden.

Die Lammschnitzel in dem erhitzten Öl 5–8 Minuten goldbraun und knusprig braten und auf Küchenpapier abtropfen lassen. Das Gurkenrelish auf Tellern verteilen, die Schnitzel darauf anrichten und servieren.

DIE MINIMAX-ZUTATEN

Salatgurke
Frühlingszwiebeln
Lammlachse
Instant-Polenta

DESSERTS

BLÄTTERTEIGTÜRMCHEN MIT AVOCADO-LIMETTEN-CREME

FÜR 4 PERSONEN

Zubereitungszeit: etwa 20 Minuten
Backzeit: 12–15 Minuten

ZUTATEN

3 Scheiben tiefgekühlter Blätterteig
    (12 x 12 cm)
Mehl für die Arbeitsfläche
2 EL Zucker
2 Limetten
1 Avocado
250 g Magerquark
2 EL flüssiger Honig
8 Scheiben Ananas (Dose)

AUSSERDEM

Backpapier, Spritzbeutel mit großer
Sterntülle

Den Blätterteig auftauen lassen. Den Backofen auf 200 °C (Ober-/Unterhitze) vorheizen. Die Blätterteigscheiben auf einer leicht bemehlten Arbeitsfläche ausrollen (etwa 14 x 14 cm), in vier gleiche Quadrate schneiden und auf ein mit Backpapier ausgelegtes Backblech legen. Die Oberfläche des Blätterteigs dünn mit Wasser bestreichen, mit Zucker bestreuen und im Backofen 12–15 Minuten goldbraun backen.

Die Limetten halbieren und den Saft auspressen. Die Avocado halbieren, den Stein und das Fruchtfleisch herauslösen. Das Avocadofruchtfleisch, den Limettensaft, den Quark und den Honig fein pürieren und die Creme in einen Spritzbeutel mit Sterntülle füllen.

Die Blätterteigplatten aus dem Ofen nehmen und abkühlen lassen. Die Ananas abtropfen lassen und 4 Blätterteigplatten mit je einer Scheibe belegen. Die Avocadocreme darauf spritzen und mit jeweils einer weiteren Blätterteigscheibe abdecken. Wieder eine Ananasscheibe daraufgeben und mit Avocadocreme bedecken. Mit den übrigen Blätterteigscheiben abschließen und die Türmchen servieren.

DIE MINIMAX-ZUTATEN

Blätterteig
Limetten
Avocado
Magerquark
Ananas

»FRIESENBURGER«

FÜR 4 PERSONEN

Zubereitungszeit: etwa 10 Minuten
Backzeit: etwa 15 Minuten

ZUTATEN

4 Scheiben tiefgekühlter Blätterteig
    (12 x 12 cm)
200 g süße Sahne
1 EL Zucker
½ Glas Rote Grütze
2 EL Puderzucker
3 Zweige frische Minze

AUSSERDEM

Mehl zum Bearbeiten,
Backpapier

Den Blätterteig auftauen lassen. Den Backofen auf 200 °C (Ober-/Unterhitze) vorheizen.

Die Blätterteigscheiben auf der Arbeitsfläche mit einem runden Ausstecher (10–12 cm) ausstechen, auf ein mit Backpapier ausgelegtes Backblech legen und im Backofen etwa 15 Minuten goldbraun backen.

Die Sahne mit Zucker steif schlagen und kalt stellen. Die Blätterteigkreise auf einem Kuchengitter auskühlen lassen und quer aufschneiden. Die unteren Hälften auf Dessertteller legen und die Rote Grütze daraufgeben. Die Sahne darauf verteilen und mit der oberen Hälfte abdecken.

Die fertigen Friesenburger mit dem Puderzucker bestauben, mit den Minzeblättchen garnieren und servieren.

TIPP

Zum Ausstechen eignen sich auch Gläser, Tassen oder Schüsseln in der entsprechenden Größe.

DIE MINIMAX-ZUTATEN

Blätterteig
Rote Grütze
Sahne
Minze

STRUDEL-BONBONS

FÜR 4 PERSONEN

Zubereitungszeit: etwa 20 Minuten
Backzeit: etwa 20–25 Minuten

ZUTATEN

50 g Butter
2 Eier
1 Prise Salz
150 g Marzipan
50 g gehackte Haselnusskerne
2 TL gemahlener Zimt
8 Blätter Strudelteig

AUSSERDEM

Backpapier

Den Backofen auf 200 °C (Ober-/Unterhitze) vorheizen. Die Butter schmelzen. Die Eier trennen, das Eiweiß mit dem Salz zu steifem Schnee schlagen.

Das Marzipan würfeln, zu dem Eigelb bröckeln und schaumig schlagen. Die Haselnüsse, den Zimt und den Eischnee zu dem Marzipanschaum geben und unterheben.

Vier Strudelblätter mit etwas flüssiger Butter bestreichen und mit jeweils einem weiteren Strudelblatt belegen. Die Füllung mittig längs auf den Strudelblättern verteilen, die Seiten einschlagen und zu »Bonbons« aufrollen, dabei die Enden verdrehen.

Die »Bonbons« auf ein mit Backpapier ausgelegtes Backblech legen, mit der übrigen Butter bestreichen und im Backofen 20–25 Minuten backen. Die Strudel noch warm servieren.

DIE MINIMAX-ZUTATEN

Eier
Marzipan
Haselnusskerne
Zimt
Strudelteig

SÜSSE PFLAUMEN-WAN-TANS

FÜR 4 PERSONEN

Zubereitungszeit: etwa 10 Minuten
Backzeit: etwa 10 Minuten

ZUTATEN

300 ml Rapsöl
12 Blätter Wan-Tan-Teig (Kühlregal)
150 g Pflaumenmus
3 EL Puderzucker

Das Öl in einem Topf erhitzen. Die Wan-Tan-Teigblätter auf einer Arbeitsfläche ausbreiten und jeweils 1 TL Pflaumenmus auf jedes Teigblatt geben.

Die Ränder dünn mit Wasser bestreichen, die Teigblätter zu Dreiecken zusammenlegen und dabei die Ränder gut andrücken.

Die Wan-Tans im heißen Öl nach und nach goldbraun und knusprig ausbacken, auf Küchenpapier abtropfen lassen, noch warm mit Puderzucker bestauben und servieren.

DIE MINIMAX-ZUTATEN

Wan-Tan-Teig
Pflaumenmus

SCONES MIT VANILLECREME

FÜR 4 PERSONEN

Zubereitungszeit: etwa 15 Minuten
Backzeit: etwa 20 Minuten

ZUTATEN

150 g Weizenmehl Type 405
1 TL Backpulver
1 Prise Salz
40 g Zucker
40 g kalte Butter
1 Ei
25 ml Milch
½ Vanilleschote
150 g Crème fraîche
100 g Aprikosenmarmelade

AUSSERDEM

Backpapier

Den Backofen auf 220 °C (Ober-/Unterhitze) vorheizen.
Ein Backblech mit Backpapier auslegen.

Das Mehl, das Backpulver, Salz, 25 g Zucker und die Butter zu groben Streuseln vermengen. Das Ei mit der Milch verquirlen, zu der Teigmischung geben und zu einem nicht zu glatten Teig vermischen, dabei nur so lange wie nötig rühren.

Den Teig auf das Backpapier geben und mit den Fingern zu einem zwei Zentimeter dicken, rechteckigen Fladen drücken. Mit einem Messer 12 Stücke auf der Oberfläche vorzeichnen und im Backofen etwa 20 Minuten goldbraun backen.

Die Vanilleschote längs aufschneiden, das Mark auskratzen, mit der Crème fraîche und dem restlichen Zucker verrühren. Die Scones mit der Vanillecreme und der Aprikosenmarmelade servieren.

DIE MINIMAX-ZUTATEN

Backpulver
Ei
Vanilleschote
Crème fraîche
Aprikosenmarmelade

TRIPLE-CHOC-MUFFINS

FÜR 6 STÜCK

Zubereitungszeit: etwa 15 Minuten
Backzeit: 20–25 Minuten

ZUTATEN

50 g weiße Schokolade
50 g Vollmilchschokolade
60 g Zartbitterschokolade
30 g Butter
1 Ei
100 ml Milch
40 g Zucker
125 g Weizenmehl Type 405
1 TL Backpulver

AUSSERDEM

Muffinblech, 6 Muffinförmchen

Den Backofen auf 180 °C (Ober-/Unterhitze) vorheizen. Die sechs Mulden des Muffinblechs mit den Förmchen auslegen.

Die weiße und die Vollmilchschokolade fein hacken. Die Zartbitterschokolade in Stücke brechen und mit der Butter schmelzen.

Das Ei mit der Milch und dem Zucker zugeben und gut verrühren. Das Mehl, das Backpulver und die gehackte Schokolade zufügen und kurz unterrühren. Den Teig in die Muffinförmchen füllen und im Backofen 20–25 Minuten backen.

Die Muffins auf einem Kuchengitter etwas abkühlen lassen und lauwarm servieren.

DIE MINIMAX-ZUTATEN

weiße Schokolade
Vollmilchschokolade
Zartbitterschokolade
Ei
Backpulver

HIRSE-KOKOS-BOWL MIT HIMBEEREN

FÜR 4 PERSONEN

Zubereitungszeit: etwa 10 Minuten
Garzeit: etwa 10 Minuten

ZUTATEN

120 g Goldhirse
250 ml Kokosmilch
2 EL Zucker
25 g Mandelblättchen
400 g Himbeeren

Die Goldhirse in einem Sieb unter kaltem Wasser abspülen, mit der Kokosmilch und 1 EL Zucker aufkochen, etwa 10 Minuten köcheln und abkühlen lassen.

Die Mandelblättchen in einer Pfanne ohne Fettzugabe goldbraun rösten und abkühlen lassen.

Die Hälfte der Himbeeren mit dem restlichen Zucker pürieren. Die Hirse und die Himbeersauce mit den übrigen Himbeeren in Schalen anrichten. Das Dessert mit Himbeeren und Mandelblättchen garnieren und servieren.

DIE MINIMAX-ZUTATEN

Goldhirse
Kokosmilch
Mandelblättchen
Himbeeren

WEISSER KALTER HUND MIT HEIDELBEERSAUCE

FÜR 4 PERSONEN

Zubereitungszeit: etwa 15 Minuten
Kühlzeit: etwa 30 Minuten

ZUTATEN

200 g tiefgekühlte Heidelbeeren
100 g weiße Schokolade
50 g Crème fraîche
25 g Kokosfett
8 Vollkornkekse
1 EL Zucker

AUSSERDEM

Frischhaltefolie

Die Heidelbeeren auftauen lassen. Die weiße Schokolade hacken und schmelzen. Die Crème fraîche und das Kokosfett unterrühren.

Eine längliche, schmale Form (Inhalt etwa 300 ml) mit Frischhaltefolie auslegen. Die Kekse in grobe Stücke hacken, unter die Schokoladenmasse heben, in die Form füllen und im Kühlschrank etwa 30 Minuten fest werden lassen.

Die Heidelbeeren mit dem Zucker pürieren. Den kalten Hund mit der Folie aus der Form heben, in Scheiben schneiden und mit der Sauce servieren.

DIE MINIMAX-ZUTATEN

Heidelbeeren
weiße Schokolade
Crème fraîche
Kokosfett
Vollkornkekse

LAUWARME NUSSTÖRTCHEN

Zubereitungszeit: etwa 10 Minuten
Backzeit: etwa 20 Minuten

ZUTATEN

1 unbehandelte Zitrone
3 Eier
35 g Zucker
1 Prise Salz
150 g gemahlene Nusskerne
1 Msp. gemahlener Zimt
2 EL Puderzucker

AUSSERDEM

Butter für die Förmchen,
4 Tartelette-Förmchen
(etwa 10 cm)

Den Backofen auf 180 °C (Ober-/Unterhitze) vorheizen.
Die Tartelette-Förmchen mit der Butter einfetten.

Die Zitrone gründlich abwaschen, trockentupfen und die Schale
fein abreiben. Die Eier, den Zucker und das Salz schaumig
aufschlagen.

Die Nusskerne, den Zimt und die Zitronenschale unterheben,
den Teig in die Tartelette-Förmchen verteilen und etwa
20 Minuten backen. Die Törtchen auf einem Kuchengitter
auskühlen lassen, mit Puderzucker bestauben und servieren.

TIPP

Kaufen Sie eine Tüte gemischte Nusskerne und mahlen Sie die
entsprechende Menge für das Rezept in der Küchenmaschine.
Die übrigen Nusskerne einfach zum Knabbern auf den Tisch
stellen.

DIE MINIMAX-ZUTATEN

Zitrone
Eier
Nüsse
Zimt

ERDBEERTÖRTCHEN

FÜR 4 PERSONEN

Zubereitungszeit: etwa 20 Minuten
Kühlzeit: etwa 10 Minuten

ZUTATEN

500 g Erdbeeren
2 EL Zucker
Saft von ½ Zitrone
100 g Amarettini
50 g Butter
Rapsöl zum Einfetten
200 g süße Sahne

AUSSERDEM

4 Dessertringe (etwa 8 cm Durchmesser)

Die Erdbeeren waschen, putzen, würfeln und mit 1 EL Zucker und dem Zitronensaft vermischen. Die Amarettini in einen Gefrierbeutel geben und mit einem Topf oder einer Pfanne zerbröseln. Butter schmelzen und mit den Bröseln vermischen.

Vier Dessertringe mit Öl einfetten und auf eine Platte setzen. Die Bröselmischung darin verteilen, gut andrücken und etwa 10 Minuten kalt stellen.

Die Sahne mit dem restlichen Zucker steif schlagen, auf den kalten Bröseln verteilen und glatt streichen. Mit einem Torten-heber oder einer Palette die Törtchen behutsam anheben und auf Dessertteller setzen. Die Erdbeeren auf der Sahne verteilen, den Ring abziehen und servieren.

TIPP

Sie haben keine speziellen Dessertringe zur Hand? Dann richten Sie das Dessert in Gläsern an. Die Brösel dabei nur in die Gläser streuen und nicht andrücken.

DIE MINIMAX-ZUTATEN

Erdbeeren
Zitrone
Amarettini
Sahne

LIMETTEN-JOGHURT-CREME MIT MANGO

FÜR 4 PERSONEN

Zubereitungszeit: etwa 10 Minuten

ZUTATEN

25 g Kokosraspel
2 Limetten
2 Mangos
500 g griechischer Joghurt
2 EL Zucker
12 Löffelbiskuits

AUSSERDEM

Butter für die Förmchen,
4 Tartelette-Förmchen (etwa 10 cm)

Die Kokosraspel in einer beschichteten Pfanne goldgelb rösten und abkühlen lassen. Die Limetten halbieren und den Saft auspressen.

Die Mangos schälen, das Fruchtfleisch in Spalten vom Stein schneiden und fein pürieren. Den Joghurt mit dem Zucker und dem Limettensaft verrühren.

Die Löffelbiskuits in 1 cm lange Stücke schneiden und abwechselnd mit der Limettencreme und dem Mangopüree in Dessertgläser schichten. Die Kokosraspel überstreuen und die Creme sofort servieren oder einige Stunden im Kühlschrank durchziehen lassen.

DIE MINIMAX-ZUTATEN

Kokosraspel
Limetten
Mangos
griechischer Joghurt
Löffelbiskuits

KEKSCREME MIT HEIDELBEEREN UND MANDELN

FÜR 4 PERSONEN

Zubereitungszeit: etwa 10 Minuten
Garzeit: 2–3 Minuten

ZUTATEN

6 Butterkekse
50 g gehackte Mandeln
250 g Sahnequark
2 EL Zucker
250 g tiefgekühlte Heidelbeeren

Die Butterkekse hacken, mit den Mandeln in einer beschichteten Pfanne 2–3 Minuten unter Wenden anrösten und abkühlen lassen.

Den Sahnequark mit dem Zucker und den Heidelbeeren verrühren. Die Keksmischung unter den Sahnequark heben und in Dessertgläser oder Schalen füllen.

Die Kekscreme sofort servieren oder im Kühlschrank durchziehen lassen.

DIE MINIMAX-ZUTATEN

Butterkekse
Mandeln
Sahnequark
Heidelbeeren

»BIRNE HELENE« IM GLAS

FÜR 4 PERSONEN

Zubereitungszeit: etwa 10 Minuten
Garzeit: 2–3 Minuten

ZUTATEN

100 g Pumpernickel
2 EL Zucker
100 g Zartbitterschokolade
250 g griechischer Joghurt
1 kleine Dose Birnenhälften
    (Abtropfgewicht 230 g)
    + 100 ml Saft

AUSSERDEM

4 Dessertringe (etwa 8 cm Durchmesser)

Den Pumpernickel fein zerbröckeln und mit dem Zucker in einer Pfanne unter Rühren 2–3 Minuten rösten.

Die Zartbitterschokolade in feine Splitter hacken. Den Joghurt glattrühren und die Schokolade untermischen.

Die Birnen abtropfen lassen, würfeln, mit dem Saft vermischen und in vier Dessertgläser füllen. Die Joghurtcreme darauf verteilen, mit dem gerösteten Pumpernickel bestreuen und servieren.

TIPP

Statt Birnen aus der Dose können Sie auch frische Birnen und Birnensaft verwenden. Die Birnen vorher schälen und das Kerngehäuse herausschneiden.

DIE MINIMAX-ZUTATEN

Pumpernickel
Zartbitterschokolade
griechischer Joghurt
Birnen (Dose)

ÜBERBACKENE APRIKOSEN

FÜR 4 PERSONEN

Zubereitungszeit: etwa 15 Minuten
Backzeit: etwa 15 Minuten

ZUTATEN

8 Aprikosen
100 g Marzipanrohmasse
180 ml Apfelsaft
50 g Mandelblättchen

AUSSERDEM

Spritzbeutel mit Sterntülle

Den Backofen auf 160 °C (Ober-/Unterhitze) vorheizen. Die Aprikosen waschen, halbieren und entsteinen. Die Hälften mit der Schnittfläche nach oben in eine kleine ofenfeste Form legen.

Das Marzipan in Stücke zupfen, mit 3 EL Apfelsaft in eine Schüssel geben und schaumig aufschlagen. Die Masse in einen Spritzbeutel mit Sterntülle füllen, auf die Aprikosen spritzen und mit den Mandelblättchen bestreuen.

Restlichen Apfelsaft angießen, die Aprikosen im Backofen etwa 15 Minuten überbacken und heiß servieren.

DIE MINIMAX-ZUTATEN

Aprikosen
Marzipanrohmasse
Apfelsaft
Mandelblättchen

APFEL-SCHOKO-DESSERT

FÜR 4 PERSONEN

Zubereitungszeit: etwa 20 Minuten
Garzeit: etwa 10 Minuten
Kühlzeit: etwa 30 Minuten

ZUTATEN

200 g süße Sahne
100 g Zartbitterschokolade
2 mürbe Äpfel (z.B. Boskop)
2 EL Zucker
50 g Haselnusskerne
2 TL Kaffeebohnen

AUSSERDEM

Backpapier

Die Sahne in einem kleinen Topf erwärmen. Die Schokolade hacken, dazugeben, schmelzen, in eine flache Schale umfüllen und abgedeckt in das Gefrierfach stellen.

Die Äpfel waschen, schälen, vierteln, das Kerngehäuse entfernen und die Äpfel in Würfel schneiden. Die Apfelwürfel mit 1 EL Zucker und 3 EL Wasser aufkochen, abgedeckt 5 Minuten garen und abkühlen lassen.

Die Haselnusskerne grob hacken. Die Kaffeebohnen in einen Gefrierbeutel geben, mit einer schweren Pfanne zerdrücken und mit den Haselnüssen und dem restlichen Zucker in einer Pfanne unter Rühren karamellisieren. Nussmischung auf Backpapier geben und abkühlen lassen.

Die kalte Sahne-Schokoladen-Mischung schaumig aufschlagen. Das Apfelkompott in Dessertgläser füllen. Die Schokoladencreme daraufgeben, mit dem Kaffee-Haselnusskrokant bestreuen und servieren.

TIPP

Fragen Sie im Café Ihres Vertrauens nach den Kaffeebohnen, wenn Sie sich für das Dessert keine ganze Packung kaufen wollen.

DIE MINIMAX-ZUTATEN

Sahne
Zartbitterschokolade
Äpfel
Haselnusskerne
Kaffeebohnen

JOGHURT-MOUSSE MIT PREISELBEERSAUCE

FÜR 4 PERSONEN

Zubereitungszeit: etwa 10 Minuten
Kühlzeit: etwa 30 Minuten

ZUTATEN

2 frische Eiweiß
1 Prise Salz
250 g griechischer Joghurt
150 g Preiselbeeren, in Saft
    (abgetropft) + 100 ml Saft
2 EL Zucker
1 Beutel weiße Sofort-Gelatine
    (ausreichend für
    250 ml Flüssigkeit)

Das Eiweiß mit dem Salz steif schlagen. Den Joghurt mit dem Preiselbeersaft und dem Zucker verrühren. Die Sofort-Gelatine einstreuen und unterrühren.

Den Eischnee unter den Joghurt heben, in Dessertgläser füllen und etwa 30 Minuten kalt stellen.

Die Preiselbeeren fein pürieren, auf der Mousse verteilen und servieren.

TIPP

Achten Sie vor der Zubereitung bitte auf die Zubereitungshinweise der Sofort-Gelatine.

DIE MINIMAX-ZUTATEN

Eiweiß
griechischer Joghurt
Preiselbeeren
Sofort-Gelatine

SCHOKOMOUSSE MIT BIRNENPÜREE

FÜR 4 PERSONEN

Zubereitungszeit: etwa 10 Minuten
Kühlzeit: etwa 15 Minuten

ZUTATEN

1 kleine Dose Birnenhälften
       (Abtropfgewicht 230 g)
       + 100 ml Saft
150 g Zartbitterschokolade
300 g süße Sahne

Die Birnen abtropfen lassen und zwei Birnenhälften mit 100 ml Saft fein pürieren. Die übrigen Birnen würfeln, mit dem Püree vermischen und kalt stellen.

100 g Schokolade fein raspeln, die übrige Schokolade in Splitter schneiden. Die Sahne steif schlagen und die geraspelte Schokolade vorsichtig unterheben.

Birnenpüree in Gläser verteilen, die Schokomousse darauf anrichten, mit Schokosplittern garnieren und servieren.

TIPP

Statt Birnen aus der Dose können Sie auch frische Birnen und Birnensaft verwenden. Die Birnen vorher schälen und das Kerngehäuse herausschneiden.

DIE MINIMAX-ZUTATEN

Birnen (Dose)
Zartbitterschokolade
Sahne

KALTE RHABARBERSUPPE MIT SCHNEE-EIERN

FÜR 4 PERSONEN

Zubereitungszeit: etwa 25 Minuten
Garzeit: 7–11 Minuten
Kühlzeit: etwa 30 Minuten

ZUTATEN

500 g Rhabarber
1 unbehandelte Zitrone
100 g Zucker
2 TL Speisestärke
3 Eiweiß
1 Prise Salz

Den Rhabarber waschen, schälen und in 1 cm lange Stücke schneiden. Die Zitrone gründlich abwaschen, trockentupfen, die Schale fein abreiben, die Zitrone halbieren und den Saft auspressen.

Den Rhabarber mit 3 EL Zucker, dem Zitronensaft und 100 ml Wasser aufkochen und abgedeckt 5–8 Minuten köcheln lassen. Die Speisestärke in 2 EL kaltem Wasser anrühren, den Rhabarber damit andicken und kalt stellen.

Das Eiweiß mit dem Salz und 5 EL Zucker sehr steif schlagen. In einem flachen Topf 5 cm hoch Wasser mit dem restlichen Zucker und dem Zitronenabrieb zum Kochen bringen.

Aus dem Eischnee mit zwei Teelöffeln Nocken abstechen, in das siedende Wasser geben, 2–3 Minuten darin garen und die Nocken herausnehmen.

Die kalte Rhabarbersuppe in tiefen Tellern oder Suppenschalen anrichten, mit den Nocken garnieren und servieren.

DIE MINIMAX-ZUTATEN

Rhabarber
Zitrone
Eiweiß

FRUCHTEIS
IM WAFFELBECHER

FÜR 4 PERSONEN

Zubereitungszeit: etwa 5 Minuten

ZUTATEN

350 g tiefgekühlte Früchte
(etwa Himbeeren, Heidelbeeren
oder Beerenmischung)
150 g griechischer Joghurt
50 g Zucker
8 Schoko-Waffelbecher

Die Tiefkühlfrüchte mit dem Joghurt und dem Zucker fein pürieren.

Das Eis in die Waffelbecher füllen und sofort servieren.

DIE MINIMAX-ZUTATEN

tiefgekühlte Früchte
griechischer Joghurt
Schoko-Waffelbecher

UNSERE PARTNER

»Ein ansprechendes Foodfoto lebt nicht nur von
einem lecker zubereiteten Gericht, sondern durch die
verwendeten Teller, Bestecke und Accessoires, die
rundherum eine Geschichte erzählen und
das Bild lebendig machen. Ein herzliches Dankeschön
an unsere Partner Depot, Die Schönhaberei und
Tropenhaus, die uns so tatkräftig unterstützt haben.«
Maria Brinkop, Fotografin

Für alle Deko- und Designliebhaber(innen) sind
diese Adresse wahre Fundgruben für tolles Geschirr,
Accessoires und inspirierende Ideen rund um Küche,
Esszimmer und vieles mehr:

Depot –
alles für eine traumhafte Einrichtung
www.depot-online.com
Tel.: (0800) 4 00 31 10

Die Schönhaberei –
Schönes, Feines, Nützliches und mehr
www.schoenhaberei.de
info@die-schoenhaberei.de
Tel.: +49 (0) 8234 / 96 89 01

Das Tropenhaus –
Fair Trade for People
www.das-tropenhaus.de
kontakt@das-tropenhaus.de
Tel.: +49 (0) 7642 / 9 15 90 61

REGISTER

IMPRESSUM

Produktmanagement: Sonya Mayer
Umschlaggestaltung, Layout und Satz:
Studio Rio, München
Textredaktion: S & S – die rezeptspezialisten,
Susanne Cremer
Korrektur: Franziska Sorgenfrei
Fotografie: Maria Brinkop
Foodstyling: Kai Dönges und Team
Repro: Repro Ludwig, Zell am See
Herstellung: Barbara Uhlig
Partnermanagement: Thomas Nehm

Text und Rezepte: Susann Kreihe
Fotografie: Maria Brinkop

Bildnachweis
Alle Bilder des Umschlags und des Innenteils
stammen von Maria Brinkop, mit Ausnahme von:
S. 8: Shutterstock/Africa Studio, S. 11: Shutter-
stock/Sebastian Duda, S. 13: Shutterstock/kazoka,
S. 14: Shutterstock/Lisovskaya Natalia

Printed in Italy by Printer Trento

Unser komplettes Programm finden Sie unter:

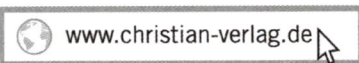

www.christian-verlag.de

Alle Angaben in diesem Werk wurden von der
Autorin sorgfältig recherchiert und auf den aktuellen
Stand gebracht sowie vom Verlag geprüft. Für die
Richtigkeit der Angaben kann jedoch keinerlei
Haftung übernommen werden.

Die Deutsche Nationalbibliothek verzeichnet diese
Publikation in der Deutschen Nationalbibliografie;
detaillierte bibliografische Daten sind im Internet
über http://dnb.d-nb.de abrufbar.

ISBN 978-3-95961-144-2

Ebenfalls erhältlich ...

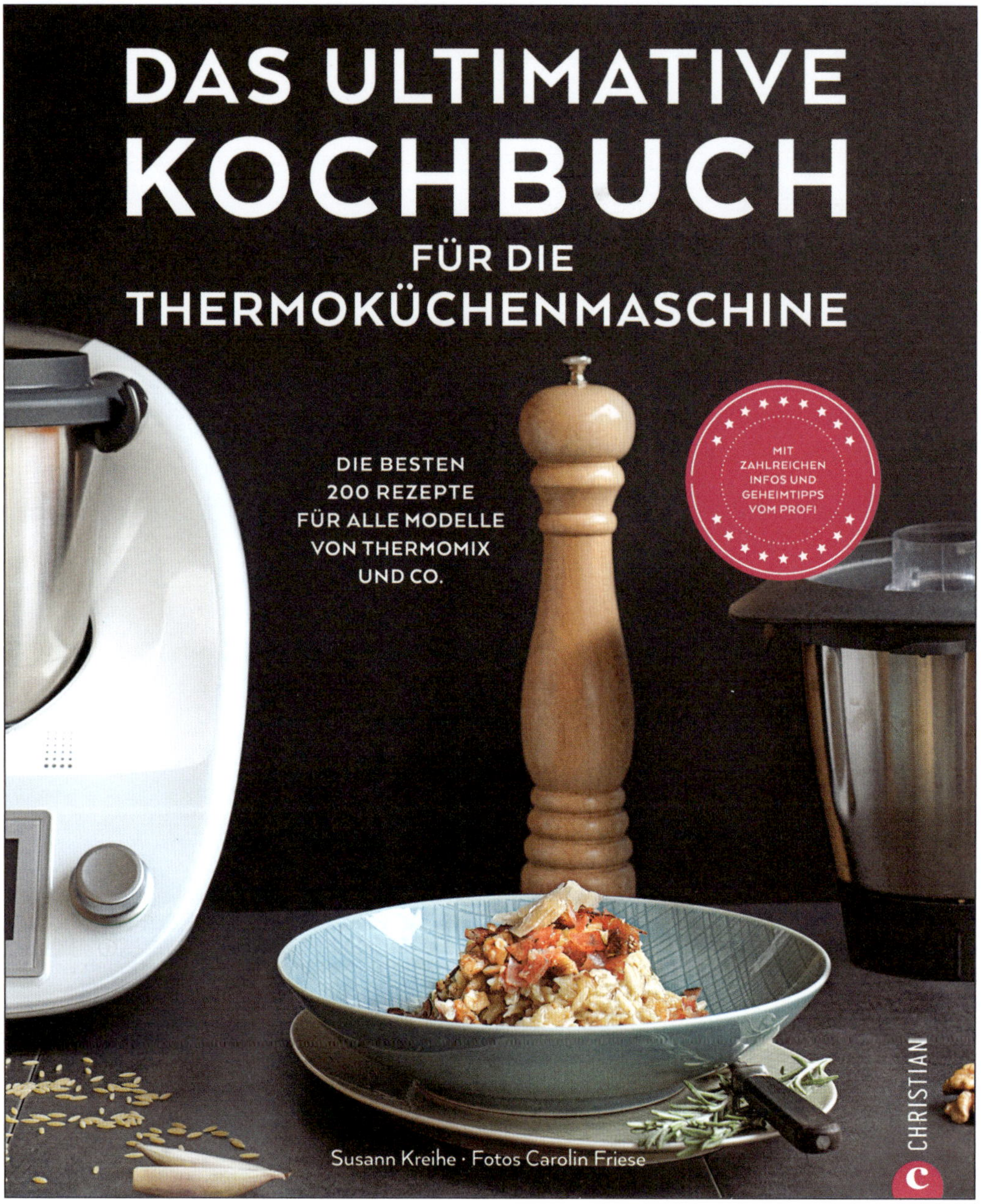

ISBN 978-3-95961-086-5

Clever kochen, einfach genießen! Die besten Rezepte für die neue Art zu kochen: Vom Frühstücksquark über den Tafelspitz bis zum Zitronensorbet.

CHRISTIAN

www.christian-verlag.de